HISTOIRE DU DROIT DES AFFAIRES.
De l'Antiquité au XIXe siècle.

Sébastien ÉVRARD

Copyright © 2023 Evrard
Tous droits réservés.
ISBN : 978-1721162642
ISBN-13 :

Du même auteur

L'intendant de Bourgogne et le contentieux administratif au XVIIIe siècle. Paris, de Boccard, 2005.

Les campagnes du général Lecourbe (1794-1799). Paris, L'Harmattan, 2011.

Une troupe de choc dans la Grande guerre : le 20e corps d'armée à travers le témoignage d'un officier d'artillerie. Serpenoise, 2011.

L'Or de Napoléon. Sa stratégie patrimoniale (1806-1814). Paris, L'Harmattan, 2014.

Les Tables de la loi : de l'argile au numérique. La diffusion de la règle de droit à travers les âges. Paris, L'Harmattan, 2014.

Carnets militaires du général Lecourbe (1794-1799). Un chef de guerre sous la Révolution. Paris, L'Harmattan, 2014.

Gabelous et contrebandiers. Histoire des fermiers généraux de Dijon (1760-1780). Paris, L'Harmattan, 2015.

De fer et de feu. Souvenirs d'un officier d'artillerie lorrain. Ysec, 2016.

Histoire du droit et des institutions. Paris, Bréal, 2019.

Le livre, le droit et le faux. Essai sur la contrefaçon de l'édition juridique au siècle des Lumières. Paris, L'Harmattan, socio-économie de la chaîne du livre, 2017.

Histoire des faits économiques au XXe siècle. Paris, Bréal, 2017.

Les avocats au temps des Lumières. La réforme des assemblées provinciales de 1787. Paris, L'Harmattan, 2017.

Mémoires d'un banquier au XIXe siècle. Paris, L'Harmattan, 2018.

Chouans contre bleus. La justice militaire sous la Révolution militaire (1793-1795). Paris, Mare et Martin, 2019.

Serpillon et le Code criminel. Du manuscrit au livre imprimé. Paris, L'Harmattan, 2021.

TABLE DES MATIÈRES

1 Le droit phénicien
2 Société grecque et commerce
3 La bourgeoisie d'affaires à Rome
4 Le droit prétorien et la faillite
5 L'esclave, objet de commerce
6 Le rôle économique de l'Église dans la société médiévale
7 La prohibition de l'usure
8 Les raisons et les enjeux de cette apparition
9 Emergence d'un nouveau droit et d'une nouvelle justice
10 Capitaux et banquiers au Moyen Âge
11 Un moyen de paiement révolutionnaire : la lettre de change
12 L'œuvre de Colbert
13 L'ordonnance du commerce (1673)
14 Le système de Law (1715-1720)
15 Les physiocrates (1759-1789)
16 L'organisation des gens du commerce
17 Leur création et leur développement
18 Leur fonctionnement original
19 La typologie des sociétés de commerce
20 Les difficultés des entreprises : faillite/banqueroute

21 Moderniser le droit des affaires : le code de commerce de 1807
22 Revoir le crédit et la monnaie : la Banque de France
23 La banque et la caisse des dépôts
24 L'assurance et la mutuelle
25 Réformer la faillite et le droit des sociétés
26 Le fonds de commerce
27 La publicité légale et le registre du commerce

INTRODUCTION

L'histoire du droit des affaires s'intéresse à un droit spécifique né des attentes du commerce : commerçants et tous ceux qui contractent des actes de commerce. Ce droit original apparaît dès l'Antiquité, lorsque les juristes prennent conscience des besoins insatisfaits du monde des affaires : les États s'engagent dans des échanges commerciaux où chacun d'eux protège ses intérêts et entend ainsi privilégier son développement.

Ensuite, il s'agit d'offrir un système juridique évolué où l'on prend en considération les mentalités : thalassocratie chez les Phéniciens - puis les Grecs -, mercantilisme en France et en Espagne au XVIIe siècle, libéralisme au XVIIIe siècle... On passe du stade de l'omniscience du droit public ou privé au développement des droits positifs. La France, dans ce schéma, occupe une position intéressante : elle se sert du droit comparé pour adapter son système intérieur aux nécessités et la puissance publique, à maintes reprises, joue un rôle législatif prépondérant mais inégal, étant tantôt soucieuse d'offrir des règles claires et modernes, tantôt imprégnée d'idées passéistes ou de préjugés dépassés. Les attentes du monde des affaires sont réelles ; elles permettent de comprendre pourquoi ce droit a connu une évolution ou bien un retour en arrière. Chaque civilisation qui s'y intéresse doit retoucher le modèle juridique dont elle a hérité.

Pour embrasser ce cadre d'un droit vieux de plus de trois mille ans, sont envisagées quatre parties : l'Antiquité (I), le Moyen Âge (II), l'Ancien Régime et la Révolution (III), les XIXe et XXe siècles (IV).

PARTIE I.
LE DROIT DES AFFAIRES DANS L'ANTIQUITÉ : LES BALBUTIEMENTS

Chapitre 1 Les droits antiques orientaux : Phénicie et Grèce
Fiche 1 Le droit phénicien
Fiche 2 Société grecque et commerce

Chapitre 2 Rome et le droit des affaires
Fiche 3 La bourgeoisie d'affaires à Rome
Fiche 4 Le droit prétorien et la faillite
Fiche 5 L'esclave, objet de droit

L'Antiquité est une époque (2000 av. JC->476 ap. JC) où apparaissent les premières civilisations en Orient. Elles s'appuient sur une évolution des techniques (notamment agricoles), sur l'émergence d'un système juridique perfectionné où le législateur médiatise les liens juridiques et expose le droit par un « *code* ». Ce droit connaît, déjà, des dispositions qui intéressent le commerce en fixant des droits et des obligations particulières. Babylone et Égypte sont les deux premières de ces civilisations, qui déclinent soit à la suite d'une invasion, soit à la suite d'une crise sociale ; elles sont suivies de la Grèce et de Rome.

Ces civilisations dépassent les échanges locaux axés sur l'autarcie et le troc ; elles mettent en place une révolution des échanges (lieux spécifiques, particuliers spécialisés...), inventent la monnaie frappée. On quitte un monde du chacun pour soi vers un autre, davantage ouvert sur l'extérieur. Par conséquent, les contraintes qui pèsent sur les affaires exigent des dérogations au droit civil existant. Celui-ci est alors marqué par des caractères qui sont autant d'inconvénients : il est d'abord collectif, comme l'est le droit privé primitif. Or le droit des affaires est plutôt individualiste : le commerçant conclut des affaires en son nom et ne cherche pas à engager une communauté d'individus, sauf lorsqu'il entre en société. Un tel droit est contraignant ; il empêche le transfert de la propriété familiale et quand elle se fait, c'est sous des formes archaïques préjudiciables aux échanges.

En second lieu, le droit civil est religieux : la religion et le droit font alors corps quand naissent les civilisations ; la divinité offre un regard particulier sur une société et créé des droits et obligations qui lui sont propres. Mais le monde des affaires, lorsqu'il échange avec l'extérieur, doit user d'un droit qui soit commun avec les autres et ne soit pas empreint de religion, que les hommes ne partagent d'ailleurs pas toujours entre eux. Il leur faut un système plus souple et moins rigide, d'où l'évolution vers une certaine laïcité du droit (on passe du *fas* au *ius*).

Fiche 1 LE DROIT PHENICIEN

Brillante société, Babylone a créé les conditions favorables à la hausse du niveau de vie de sa population. S'intéressant au commerce, elle pose les bases les plus anciennes du droit des affaires par un droit d'une étonnante modernité, que ses voisins reprendront. La cité est placée en Mésopotamie (le « *pays entre les deux fleuves* », que sont le Tigre et l'Euphrate), ce qui offre à son agriculture des conditions idéales pour son développement. Elle exporte ses excédents avec les cités voisines et créé les premières caravanes commerciales qui sillonnent l'Orient. Il existe une communauté de Juifs actifs dans le commerce, contraints plus tard d'émigrer en Egypte (*Nabuchonosor* de Verdi).

I. Babylone (-1750 av. JC->500 av. JC)
A. Un système juridique évolué
1. Le code d'Hammourabi

La plus ancienne source de droit connue est celle du « *code* » d'Hammourabi, roi de l'époque (-1728/1686). Il comprend 282 articles et, dans la partie supérieure de la pierre, un bas-relief représente le dieu soleil Samas, qualifié de « *grand juge des cieux et de la terre* ». Le roi y apparaît comme un justicier et le protecteur des faibles (orphelins, veuves, pauvres). Mais il ne s'agit pas de codification au sens moderne du terme : ce « *code* » ne contient qu'un petit nombre de dispositions relatives à des questions de détail, et non un exposé systématique et complet du droit ou d'une partie du droit. Ce sont en fait des recueils de textes juridiques qui sont, par nature, des sortes de jugements du droit indiquant le chemin aux juges. Leur intérêt consiste à servir de « *codes* » portatifs aux praticiens.

Le roi de ce régime politique considérait que ce code devait être connu ; des exemplaires taillés dans la pierre sont placés devant les palais royaux, les places du marché, les temples,

les carrefours des routes, c'est-à-dire les lieux publics les plus fréquentés. C'est un droit révélé.

2. Les actes de la pratique

Hormis le code, une seconde source du droit est celle des actes de la pratique. Il s'agit de contrats écrits cunéiformes – un procédé d'écriture en forme de coins ou de clous - sur des tablettes d'argile. Pour la signature, on utilise un cachet avec un nom ou un emblème appliqué sur la tablette entourée de rubans. Ces tablettes sont déposées dans des lieux publics servant de chambres d'enregistrement et donnent foi aux usages (ex. Palais, bibliothèques, temples…). On en a trouvé 500.000 : actes de prêts, de société, de ventes.

B. Les règles du droit des affaires

1. Le droit des commerçants

Le triptyque *Roi-Temple-Peuple* est à l'origine d'une foule de textes. Ce « *code* » comporte des dispositions de droit évoluées : prêt à la consommation ou à la production, dépôt, prêt avec intérêts, contrat de mandat avec commission. On y trouve aussi des moyens de paiement comme le billet à ordre (avec clause de remboursement au porteur) et les banques pratiquent des virements de compte à compte, ce qui évite des manipulations physiques. Il y a le début d'une technique des contrats, sans théorie abstraite du droit des obligations (les Romains la créeront).

Cette société n'est pas exempte de défaut : elle ignore la monnaie, les échanges se font donc par troc, des lingots d'or ou d'argent - les Grecs inventeront la monnaie frappée, ce qui améliorera les échanges.

2. Le droit des sociétés

Les Babyloniens connaissent l'association commerciale : la société est appelée « *tappûtu* » : un financier avance une somme d'argent à un ou plusieurs marchands pour une opération précise et d'une durée limitée. Le code d'Hammourabi y fait allusion (§ 99). La société de commerce (surtout le recours à la commandite) est connue, mais peu affinée : il n'existe pas de règles précises sur la répartition des bénéfices et des pertes par capital, mais plutôt par tête.

II. Les Phéniciens

C'est un peuple sémitique installé au Proche-Orient, dans l'actuel Liban. Il est coincé dans un territoire montagneux, peu fertile et doit trouver dans le commerce de quoi survivre. Il en fait sa spécialité.

A. Les principes fondateurs de la société libérale
1. Un droit individualiste

Les Phéniciens vivent dans une société capitaliste libérale qui repose sur le commerce et l'artisanat, tandis que d'autres peuples de l'époque (Perses et Mésopotamiens) sont spécialisés dans le capitalisme foncier, l'agriculture constituant l'activité essentielle. La valeur fondamentale s'appuie sur la libre initiative individuelle, car la puissance publique est légère et peu pesante. L'individu doit se débrouiller par lui-même sans tout attendre de l'État. L'entrepreneur individuel, actif, est porté au pinacle et doit prendre des risques.

2. Un droit appuyé sur la propriété privée

Commerçant dans l'âme, le Phénicien, archétype de la bourgeoisie d'affaires, est très attaché au droit des contrats, à la propriété privée. Signe de réussite sociale, l'enrichissement de l'individu est une véritable religion ; il doit dévoiler ce signe extérieur de richesse et porte, lors des cérémonies religieuses, des objets en or massif. Goût du lucre et profit matériel sont des valeurs sociales reconnues.

B. Une société tournée vers la mer et le commerce
1. Le contrôle des mers

Coincés par des terres incultes et par la montagne, les Phéniciens comprennent que la mer peut leur offrir les richesses qu'ils ne possèdent pas. Ce peuple se consacre à la mer et met en œuvre une thalassocratie : l'activité maritime est une spécialité de ce petit peuple très industrieux, actif et qui met en place des techniques remarquablement efficaces. Pour ce faire, ils s'appuient sur un réseau de ports bien placés constitués de colons (Carthage, qui aurait été créée, selon la légende, par la princesse Didon, qui y rencontre Énée, le fils d'un prince troyen (–814), Tyr, Carthagène…) et deviennent des spécialistes de la construction navale et de la navigation. Ces ports leur permettent de contrôler la navigation en Méditerranée, de créer des lignes maritimes et d'intercepter celles de leurs rivaux.

2. Le contrôle des flux commerciaux (esclaves, artisanat d'art)

Dans leur droit commercial, les Phéniciens créent des monopoles commerciaux, profitant tant du sens de la navigation que du secret qui entoure leurs liaisons maritimes (on raconte qu'ils ont fait les premiers le tour de l'Afrique).

Au VIe siècle avant notre ère, la puissance phénicienne s'étiole ; le roi Alexandre le Grand, en 333, fait la conquête de Tyr après un siège acharné et difficile ; ce sera la fin des Phéniciens. À ce moment, les Phéniciens se regroupent à Carthage (aujourd'hui Tunis), dite « *Kar-Hadesht* », ce qui veut dire « *ville nouvelle* ». Cette cité devient un pôle commercial majeur de la Méditerranée ; son activité commerciale fait de l'ombre aux Romains. Par leurs multiples comptoirs, leurs commerçants très agressifs et l'emploi de techniques commerciales jugées déloyales (comme le « *troc à la muette* »), les Carthaginois deviennent les ennemis jurés de Rome. Quelques époques de paix jalonnent cette opposition, notamment en -348 : les deux États se partagent les sphères d'influence commerciale et couchent par écrit leurs relations commerciales. Mais les Romains, en situation de faiblesse, s'obligent à ne pas naviguer vers la Sardaigne et les côtes d'Afriques, terres qui sont alors possessions carthaginoises.

3. La fin de Carthage

Enfin, après plusieurs guerres dites puniques, Carthage sera détruite en -146. Au IIe siècle, les Romains s'emparent de l'Espagne (la ville portuaire de Cadix est prise en -206, mais il faudra 70 ans de conflit pour réduire les sécessions des Ibères), prenant ainsi le contrôle de ses riches mines de métaux et de son blé.

Des esclaves (Phéniciens, Grecs, Gaulois…) y sont employés en grand nombre pour exploiter les mines, dans des conditions épouvantables. On y envoie aussi des condamnés de droit commun sous l'Empire, la peine des mines étant devenue usitée contre les citoyens ordinaires.

.

Fiche 2 SOCIETE GRECQUE ET COMMERCE

La Grèce se présente, sous l'Antiquité, comme un agglomérat de peuples divisés et désunis, même si religion, philosophie et langue forment un élément commun. Il existe près d'une centaine d'États, dont certains sont sous la forme d'îles-États. Chacun dispose de son propre droit, de son armée, de sa monnaie et se distingue par son système politique (tyrannie, démocratie, oligarchie). Certains sont plus puissants que d'autres tels que Sparte, Athènes, Thèbes... Au milieu du IVe siècle av. J.-C., le roi de Macédoine, Alexandre, fédère par la force les cités grecques avant d'aller conquérir l'Orient. En -167, Rome annexe les cités grecques par la victoire de Cynocéphales.

I. Un préjugé négatif sur le commerce...
A. Un préjugé négatif véhiculé par les philosophes

C'est parce que le monde grec méprise ouvertement ceux qui s'adonnent au commerce qu'il est nécessaire de recourir aux services d'étrangers à la cité pour commercer. Parmi les philosophes, Platon vilipende ceux qui seraient tentés par une carrière commerciale ; il déclare, en effet, que « *dans les cités convenablement organisées, ce sont assez généralement les personnes les plus faibles physiquement et qui ne valent rien pour remplir quelque autre tâche* » (Platon, *La République*, livre II, 371). En d'autres termes, le commerçant n'est propre à rien. Le citoyen idéal est un agriculteur ou un urbain dont la fortune repose sur la propriété immobilière.

Or, les Grecs sont dépendants de l'étranger pour leurs importations agricoles : la terre est ingrate et le sol pauvre ; ils doivent tirer de l'extérieur une partie de leurs consommations. Une partie du trop-plein démographique est exportée sous forme de colons qui s'établissent en Méditerranée (Syracuse, Massilia), et en Mer Noire (Crimée...).

B. L'importance des métèques dans le commerce
1. Le métèque, un étranger grec

Les Grecs méprisent les Barbares, c'est-à-dire ces peuples moins civilisés, qui sont incapables de raisonner et qui ne parlent pas leur langue. Le Barbare est un étranger car inculte et incapable de partager la civilisation grecque (tels que Perse, Mède…). Le Grec se veut plus évolué, plus moderne et se croit supérieur ; il le fait savoir par son complexe de supériorité. C'est pourquoi l'étranger est mal accepté dans les cités grecques, sauf s'il est guerrier ou mercenaire.

Une seconde catégorie d'étranger est celle du Grec étranger à la cité ; on l'appelle le métèque ; il est toléré dans les cités autres que la sienne – on trouve aussi l'étranger de passage, pour ses affaires, mais qui n'a pas vocation à rester dans la cité : tel un Grec en transit dans le port du Pirée et qui doit reprendre le bateau pour revenir chez lui.

Ce métèque vit dans un quartier spécifique qui lui est réservé, ou à l'extérieur de la cité (ex le port du Pirée à Athènes). Cependant, il ne possède aucune des qualités du citoyen : il ne peut se marier avec des citoyennes du pays, ne peut participer aux activités politiques ou aux cérémonies religieuses. Il mène donc une vie à part, entièrement vouée au commerce et aux affaires. Là s'arrête son utilité pour la cité qui l'héberge. Il est vrai que la qualité de citoyen est alors réservée à une minorité de citoyens : il faut en effet remplir trois conditions (celle de l'âge, être né de parents ou au moins d'un père ayant la qualité de citoyen, avoir effectué son service militaire).

2. Le métèque et les litiges commerciaux

Le métèque commerce mais n'a pas accès aux juridictions civiles. Pour ester en justice, en effet, il fallait être citoyen. Toutefois, il paie l'impôt et recourt à des juridictions spéciales, tels les tribunaux de commerce, parce que tous leurs problèmes sont de nature commerciale. Dès lors, ces tribunaux commerciaux créent une procédure spéciale pour les commerçants avec un procès rapide, simple, des procédures et des voies d'exécution adaptées au monde des affaires. Ce dernier n'aime pas le tapage fait autour de ses conflits et privilégie avant tout la discrétion.

On fait une sélection des droits en vigueur dans les procès commerciaux : les métèques sont soumis aux droits des cités dont ils sont originaires. Mais quand il y a deux droits en conflit, on choisit alors le meilleur, c'est-à-dire celui qui convient le mieux à la situation envisagée. Dès ce moment, les métèques choisissent le droit le plus évolué, le plus favorable à leurs intérêts : ils peuvent prendre tel droit pour la société, tel autre pour le dépôt ou le prêt à intérêt, etc... On arrive alors à l'élaboration d'un droit des métèques.

Pour éviter des procès longs et coûteux, les métèques ont tendance à privilégier l'arbitrage dans leurs litiges commerciaux. Celui-ci reste encore comme l'un des éléments essentiels du droit des affaires. Plus tard, les métèques créent, avec l'autorisation des cités où ils résident, des *tribunaux pour les métèques*. A Athènes, le tribunal du Pirée en fournit l'exemple : il est composé de juges marchands nommés pour un an, siège en assemblées mensuelles. Lorsque l'affaire est pressante, elle est jugée par des juges spécialement affectés aux instances urgentes et, en principe, elle est tranchée dans le délai d'un mois, sans recours possible. Alors, les juges sont rétribués en fonction de leur rapidité, par des droits proportionnels au montant de l'affaire.

II. ...n'empêche l'apparition d'un droit des affaires moderne

A. Le droit commercial
1. Le droit maritime
a) Le jet à la mer

Tournés vers la mer, les Grecs créent des règles spécifiques au commerce maritime - dont certaines sont encore en usage. Telle est la « *loi rhodienne du jet à la mer* », inspirée par les Phéniciens, qui serait due au droit de l'île de Rhodes (entre Chypre et la Turquie actuelle). Elle permet au capitaine d'un navire en détresse (tempête, menace de pirates…) de se débarrasser de marchandises transportées sans en supporter les conséquences. La perte n'est pas supportée par le négociant dont les marchandises ont été perdues, mais répartie sur les propriétaires dont les marchandises ont survécu, car ils profitent du sacrifice d'un des leurs, d'où une perte équitablement répartie sur tous. Plus tard, cette règle est reprise dans le Code de Justinien (*Digeste* 14, 2, 2, 3). C'est la « *théorie des avaries communes* », que reprend le code de commerce de 1807 (art. 400 et s.). Mais elle suppose la réunion de trois conditions : le danger de perte doit être sérieux (avarie, tempête, pirates…) ; le jet d'une partie de la cargaison a permis de sauver le navire ; le jet s'est produit afin de sauver partie de la cargaison.

b) Le prêt nautique

Un second exemple de ce droit maritime grec est celui du « *nautikon danieon* » (« *nauticum fenus* » en latin, ou prêt nautique). Il repose sur le prêt d'une somme d'argent au négociant qui doit armer le navire. Un investisseur lui prête des fonds et deux solutions existent :
- si le transport réussit, le négociant rembourse le prêt avec un intérêt important (30 à 50% de la somme prêtée) ;
- si le voyage échoue (le navire disparait avec la marchandise ou est capturé par un pirate…), le négociant ne doit rien au préteur. C'est ce que l'on appelle le prêt à la grosse aventure. De là naissent deux techniques remarquables des affaires : d'une part la commandite, d'autre part l'assurance.

2. Le droit des contrats

Hormis le droit maritime, le droit grec connaît aussi une avancée en matière immobilière et mobilière. Le droit des contrats en vigueur à Athènes dispose que le transfert de propriété entre les parties se réalise par le seul effet du contrat. Cependant, cet effet se limite aux parties mais, à l'égard des tiers, un système de publicité très innovant est instauré, ressemblant à notre système de transcription des actes. Ce consensualisme est très positif pour les affaires, car les parties disposent de peu de temps. Dans ce cadre, la protection des tiers est mieux assurée en Grèce qu'à Rome, où cette publicité n'existait pas.

3. Le crédit

Les Grecs sont également à l'origine de banques d'affaires très puissantes, grâce à la « *monnaie frappée* ». Celle-ci, inventée par le roi Crésus, veut que chaque cité grecque possède son propre atelier monétaire et donne à sa monnaie sa devise et son emblème (à Athènes, c'est la chouette qui incarne la cité sur les pièces de monnaie), ce qui permet de souder les citoyens autour d'un projet politique commun. On abandonne donc les lingots, peu commodes, pour l'utilisation d'une monnaie plus souple et plus différenciée. Cela permet, outre de lutter contre le faux-monnayage, de donner aux commerçants les moyens d'échanger marchandises et services. Alors se mettent en place des changeurs qui accompagnent les transactions commerciales - moyennant le paiement d'une commission.

La commandite met en œuvre un commandité et un commanditaire, ce dernier perdant son apport en cas de problème. Le contrat d'assurance couvre le risque du commanditaire et lui évite d'être ruiné en cas de perte du bateau ou de sa marchandise.

Reste évidemment le problème du montant de la prime d'assurance : elle est plus ou moins élevée en fonction des circonstances (transport de matières dangereuses, zone maritime infestée de pirates ou connue pour ses tempêtes, composition de l'équipage…).

B. Le droit des sociétés
1. Les éléments du contrat

Les Grecs, en droit des affaires, ont formulé les termes du contrat de société avec les idées d'amitié et d'association (politique). Ainsi apparaissent l'associé pour la même entreprise et la bonne foi. L'idée de société - à but lucratif ou non - se développe ; on lui confère la personnalité morale et la capacité à ester en justice. L'esprit de société repose sur la volonté franche et déterminée de s'assembler ensemble dans un but commun défini à l'avance : c'est l'*affectio societatis* que reprennent les Romains. Celui-ci s'accompagne d'une solidarité entre associés : la répartition des bénéfices s'effectue en fonction du montant de l'apport de chacun (on sort du vieux système par tête, dépassé). On est donc responsable à proportion de ses parts sociales, ce qui est plus juste.

2. Les objets sociaux

Dans certains cas, ce sont des mercenaires qui créent une société commerciale. Leur objet consiste à se louer au plus offrant pour offrir leurs services. Cependant, une telle société doit dégager des profits ; c'est pourquoi ces mercenaires ne sont pas seulement une masse de manœuvre « *supports muets et dociles* » ; ils possèdent des intérêts les conduisant à intervenir pour leur propre compte dans les luttes politiques. Il n'est pas rare qu'ils se retournent contre leurs employeurs, soit parce qu'ils sont impayés, soit parce qu'on leur promet mieux dans l'autre camp. Alors, ils sont récompensés de leur loyauté par l'octroi de terres confisquées aux vaincus ou par la citoyenneté.

On trouve ainsi, parmi ces sociétés maritimes, des sociétés de brigandage en mer qui s'emparent des navires de cités rivales et vendent l'équipage comme esclave (sauf s'il est racheté). En échange, les apporteurs de capitaux reçoivent une partie de la cargaison capturée au titre des dividendes.

Si l'on sort des sociétés maritimes, les Grecs mettent en place des sociétés spécialisées dans les contrats publics : elles sont chargées de l'affermage des revenus publics, de l'approvisionnement de la cité en denrées agricoles, des travaux publics de la ville. Quand Athènes remporte une victoire contre l'une de ses rivales, elle s'empare par la même occasion d'un butin et elle mène à bien deux projets : d'une part, battre une monnaie spéciale ; d'autre part, procéder à de grands travaux d'urbanisme (ex le Parthénon, les Longs Murs pour mieux protéger la ville).

Chapitre 2 Rome et le droit des affaires
Fiche 3 La bourgeoisie d'affaires à Rome
Fiche 4 Le droit prétorien et la faillite
Fiche 5 L'esclave, objet de commerce

Brillante civilisation, Rome érige un immense Empire, réputé pour la logique de son droit et sa capacité à le faire évoluer sur des techniques modernes.
Trois aspects méritent l'attention : l'existence d'une bourgeoisie d'affaires, dont le rôle est prépondérant ; le droit prétorien et le régime de la faillite ; enfin, l'esclave en tant qu'objet de commerce.

Fiche 3 LA BOURGEOISIE D'AFFAIRES A ROME

La bourgeoisie d'affaires est incarnée par la classe équestre, c'est-à-dire par la haute classe que forment les chevaliers : celle-ci n'obéit pas aux préjugés défavorables du commerce, selon lesquels, le commerçant est un escroc et doit être doué pour le mensonge, comme Cicéron s'en fait l'écho (« *Le commerce est sordide, quand on achète pour revendre aussitôt car on ne peut gagner qu'à force de mentir et il n'y a rien d'aussi honteux que le mensonge* » : *De off*, livre I, ch. 41, I, 150). Dans l'hypothèse où le Romain s'adonne à la banque et au commerce maritime (deux professions mieux considérées que les autres), ses affaires sont gérées par des esclaves qui en attendent soit l'affranchissement, soit l'enrichissement. À travers les affaires de banque et l'affermage des taxes d'État, les chevaliers ont fini, sous la République, par inclure dans leur clientèle la plupart des *negotiatores* établis dans la Méditerranée. La fortune des chevaliers est essentiellement mobilière, constituée sous la forme de parts de sociétés, de créances usuraires sur des particuliers et des cités, et de biens mobiliers de haute valeur. Pour Cicéron, la *mercatura* appartient aux moyens « *honorables* » de faire du profit, soit à titre d'employé, soit comme entrepreneur (*operis dandis*), soit encore comme intéressé aux fermes publiques.

I. La bourgeoisie : la place des *negotiatores*
A. Définition du *negotiatores*

Ce sont à la fois des commerçants et des trafiquants ; des prospecteurs – on parlerait aujourd'hui d'« *hommes d'affaires* » -, qui apparaissent dès le IIe siècle av. JC. Leur mission consiste à assurer les importations dont Rome a besoin ; au besoin, de dénicher des produits d'exception. Puisque Rome se trouve, dès le IIe siècle av. JC à la tête d'un gigantesque Empire en Méditerranée, ces *negotiatores* jouent un rôle vital dans l'approvisionnement de Rome en denrées agricoles et de luxe. Ils expédient à Rome le blé de Sicile, d'Egypte et d'Afrique du Nord, les esclaves d'Asie, les produits raffinés de l'Orient (Egypte, Syrie, Scythie), l'ambre du Nord. La capitale, Rome, concentre une forte partie de la population (un million) et dépend des territoires situés hors de l'Italie. Ce ravitaillement est la principale préoccupation des gouvernants. On exige des *negotiatores* l'envoi de blé à prix réduit et d'assurer ainsi l'approvisionnement de l'annone.

B. La recherche de marchés cibles

Quand ils prospectent les marchés, les *negotiatores* cherchent des bases logistiques idéales pour stocker les marchandises : ils les choisissent de préférence autour des cours d'eau, car le transport maritime est, comme aujourd'hui, plus facile et moins cher que le transport terrestre. Ainsi, Chalon-sur-Saône devient le grand port fluvial de l'intérieur de la Gaule : par le Rhône, on arrive jusqu'à Massilia, voie de communication idéale. Les *negotiatores* disposent aussi de l'argent que Rome emploie, au besoin pour soudoyer la fidélité des peuples. Les Éduens, puissante tribu gauloise, deviennent leurs amis et leurs partenaires commerciaux. Amitié et affaires font bon ménage, car les *negotiatores* ciblent les marchés : consommateurs à la fois nombreux et solvables, voies de communication bien placées, possibilité d'échanger des produits...

Pour certains, ces *negotiatores* sont des espions à la solde de l'armée romaine, et c'est pourquoi lors de la campagne des Gaules, notamment à Genabum (Orléans), les populations locales les massacrent (autres exemples : les Vêpres d'Ephèse en -88 ou bien les troubles de Jugurtha en Afrique).

C. Les métiers de la banque

Nécessaires à la vie des affaires, les banquiers se divisent en deux groupes distincts : d'une part on trouve les *mensularii* : ils vérifient les espèces et font les opérations de change entre monnaies différentes ; ils doivent aussi retirer de la circulation monétaire les monnaies qui ont été dévaluées par les autorités. D'autre part, il existe les *argentarii* qui sont des sortes d'agents de change, des agents spécialement chargés des ventes aux enchères (très fréquentes à Rome) ou de règlements de successions.

II. Les sociétés de publicains
A. Nature de ces sociétés

Les sociétés de publicains sont les ancêtres de nos sociétés par actions. Leur nom découle du terme de *publicum*, qui, à Rome, désigne le Trésor public. Leur puissance, leur aptitude à brasser des millions de sesterces, leur souplesse de gestion, autorisent la bonne fin de leur triple mission : collecter l'impôt pour le compte du Trésor romain, souscrire à des adjudications de chantiers ou de fourniture d'équipements militaires, transférer des fonds importants d'une province à une autre.

Ces sociétés disposent de la personnalité civile et sont constituées sous forme de parts transmissibles et négociables. On sait que Cicéron y avait investi plusieurs millions de sesterces en Cappadoce.

Le besoin de telles sociétés apparaît quand l'État romain change brutalement d'échelle et devient l'une des forces majeures de la Méditerranée. De simples particuliers n'ont pas la surface financière pour garantir la bonne fin des contrats publics ; il est en effet nécessaire de déposer une caution servant de garantie au Trésor. C'est pourquoi de riches particuliers se réunissent pour remplir les conditions et postuler en commun aux adjudications. Toutefois, pour éviter le mélange des genres, il est interdit aux sénateurs d'entrer dans ces sociétés. Les chevaliers, en revanche y sont très présents.

La première apparition publique d'une telle société intervient en -215, lorsque 19 particuliers, réunis en trois sociétés distinctes, se présentent devant le Sénat romain pour participer à l'adjudication des équipements de la flotte de l'armée d'Espagne.

Après les guerres (Tacite dira « *Pecunia nervus belli* », l'argent est le nerf de la guerre), les sociétés de publicains sont chargées de recouvrir les impôts pesant sur les vaincus, notamment les contributions de guerre, la vente des propriétés publiques et privées, l'exploitation des ressources minières (ex les mines d'Espagne).

Ces contrats si recherchés ont lieu tous les 5 ans, l'État romain cherchant le fournisseur le plus intéressant pour lui et le plus économe des derniers du contribuable. Mais ce n'est, en réalité, pas toujours le cas si les enchères sont truquées. Parfois, ces enchères aboutissent à des catastrophes financières : si l'entreprise a subi la folle enchère, elle doit assumer les effets désastreux de l'adjudication et ne peut, en principe, bénéficier de la révision du contrat.

B. Eléments constitutifs de la société

La réunion simultanée de plusieurs éléments permet de créer une société de ce type. On trouve, en premier lieu, des apports réciproques qui constituent le capital, et qui prouvent la volonté des associés de risquer une mise de fond. Ils peuvent être inégaux et être constitués soit en numéraire, soit en industrie, en travail ou en valeur d'usage d'un bien.

En second lieu, les associés doivent susciter un intérêt commun. L'esprit de société exige que les associés aient d'autres rapports que ceux d'étrangers entre eux. Cette volonté d'être associés se matérialise par un contrat écrit dont chacun conserve un exemplaire (*affectio societatis*). Cela peut être des rapports de fraternité, une bonne entente, donc des relations d'une certaine intensité. À défaut, la société ne saurait exister car on estime qu'elle ne remplit pas l'une des conditions nécessaires à sa formation. Par conséquent, si un associé disparaît, la société est en principe dissoute. Aussi, pour parer à un tel inconvénient et aux effets parfois désastreux de la dissolution d'une société (ex pour le contrat d'adjudication en cours d'exécution), on cherchera à changer ces règles, comme la possibilité de la transmission des parts sociales.

La troisième condition repose sur un but de société licite. Par la réunion de ces éléments, la société de publicains emprunte nombre de traits communs à la société commerciale de droit commun.

C. Leur fonctionnement
1. Assemblées générales et conseils

Ces sociétés fonctionnent selon un schéma moderne. Chaque année, sont réunies des assemblées générales d'associés. On trouve une séparation fonctionnelle entre les associés *passifs*, c'est-à-dire qui ont apporté des capitaux sans toucher à la gestion de la société, et ceux qui, au contraire des précédents, gèrent l'entreprise et sont qualifiés d'*actifs*. On distingue donc ceux qui décident et ceux qui exécutent, ce qui donnera lieu plus tard à la société en commandite, avec d'une part les commanditaires et les commandités.

Les associés se distinguent en deux blocs : on trouve d'un côté un conseil restreint, qui siège souvent à Rome (pour être à proximité du lieu de pouvoir) ; de l'autre côté, un conseil d'administration qui prend les grandes décisions.

2. Cession des parts et responsabilité des associés

La cession des parts sociales est courante après le Ier siècle après J.-C. Elle se déroule soit pendant la vie d'un associé, soit après son décès, lorsque la famille désire se retirer du capital. Dans cette hypothèse, on organise soit une vente de gré-à-gré auprès des associés, soit une vente publique avec une campagne de publicité pour mieux attirer des enchérisseurs. Chaque transfert est obligatoirement inscrit sur le registre de compte de la société, pour établir avec précision les parts de chacun au capital et matérialiser leurs responsabilités, soit pour les bénéfices, soit pour les pertes.

Les parts de ces sociétés sont nominales et les Romains ne reconnaissent pas les titres au porteur, y soupçonnant la possibilité d'une fraude.

Dernier point, qui concerne la responsabilité des associés ; appartenir à une société de publicains n'est pas sans risque, car les associés sont indéfiniment et solidairement responsables des pertes. À l'époque, on rejette toute idée selon laquelle la responsabilité de l'associé est limitée au montant de ses apports ; il faudra attendre le XVIe siècle pour qu'apparaisse la notion moderne de la limitation de la responsabilité des associés.

Fiche 4 L'APPORT DU DROIT PRETORIEN ET LE DROIT DE LA FAILLITE

Ce haut magistrat qu'est le préteur, unique, élu par la population pour un an, est doté d'une forte légitimité et de pouvoirs dans la formation du droit romain. Apparu en -367, il est l'une des nombreuses magistratures qui offrent aux juristes d'accéder à la célébrité et relève des magistratures curules. Le préteur – issu du latin *praetor*, « *celui qui marche en premier* » - dispose d'un pouvoir de création du droit ; il s'appuie sur les besoins des citoyens et de la société romaine pour, à travers son édit annuel, rénover le droit par de nouvelles techniques. Or, l'époque est celle d'une Rome restée en partie agricole et pastorale. Le droit en usage ne correspond nullement aux besoins des commerçants, d'autant que le changement d'échelle de l'Empire naissant nécessite l'emploi d'un droit plus souple. Mais comment faire lorsque des étrangers (issus de la Gaule, de la Grèce, d'Orient) font des affaires et passent des actes juridiques pour le besoin de leur activité ? Le préteur sera la source essentielle de cette évolution du droit des affaires. Parmi les plus célèbres, il faut mentionner César (62 avant J.-C.) ou bien Cicéron.

Conscient de l'enjeu et des besoins des milieux d'affaires, le préteur fait évoluer le droit civil puis crée des techniques juridiques novatrices.

I. Le préteur, solution aux difficultés du droit commun

A. Le droit civil ne correspond pas aux besoins

En effet, le droit positif donne alors la prééminence au père de famille – le *pater familias* – au détriment de ses enfants. Il est le seul à détenir le patrimoine familial, donc à s'obliger ou à obliger les descendants soumis à sa puissance. Par conséquent, personne d'autre que lui ne peut faire de commerce. Or, un particulier sans crédit et sans personnalité juridique ne saurait se lancer dans les affaires, sa surface financière et ses garanties étant trop insuffisantes. Il faut attendre la mort du père pour que les enfants disposent enfin d'un patrimoine qui leur soit propre. Cette situation est préjudiciable aux affaires ; elle laisse le champ libre aux étrangers qui ne sont pas soumis aux mêmes règles. À cet égard, le droit romain est donc inadapté.

Si un commerçant cherche à faire des affaires avec un particulier, il doit d'abord se renseigner pour déterminer si ce dernier possède encore un *pater familias*. Dans la négative, il sait que ce partenaire dispose du pouvoir de s'obliger ; il peut emprunter, vendre ou acheter librement car il possède la capacité juridique.

Second problème, les formes rituelles du transfert de propriété, lourdes parce qu'imprégnées de religion. La vente, par exemple, se déroule devant un magistrat en présence de l'objet matériel (ce qui pose des problèmes évidents s'il est encombrant, ex un navire ou un troupeau d'éléphants), ou si c'est un immeuble, sur le lieu de sa situation. Puis on observe des rites précis dits *sacramentum*, à peine de nullité de la vente : coups de baguette, paroles de vieux latin échangées entre les parties, référence orale au vieux droit des Quirites (*ius quiritium*).

Enfin le troisième problème découle de la personne des juges : s'il y a litige, le procès se déroule devant les pontifes, prêtres qui se font les interprètes du droit. Or, non seulement on voyait mal des commerçants étrangers passer en justice devant eux, mais encore le vieux droit romain ne connaissait ni la représentation, ni la distinction entre mandant et mandataire. Dernier élément, les pontifes sont issus des familles de notables, de sorte qu'on pouvait douter de la qualité de la justice. Devant les abus liés à la concussion des juges, les étrangers, souvent perdants dans des procès où ils n'y comprenaient rien, furent protégés par la *lex Calpurnia* de -605 (puis la *lex Junia*, plus récente), qui leur permet d'intenter contre les magistrats des actions en répétition par *sacramentum*.

B. Le préteur intervient dans le *jus gentium*

Ce préteur joue un rôle fondamental dans l'évolution du droit civil et la naissance d'un droit des affaires. Son intervention se résume en deux buts : le premier consiste à permettre aux étrangers de contracter des actes juridiques, donc d'améliorer leur situation juridique ; le second objectif doit permettre aux citoyens romains de manier un droit assoupli, plus propice aux affaires. Restait aussi une option, celle du *commercium* que conféraient certains traités internationaux de nation à nation.

1. L'hypothèse où les étrangers jouissent du commercium

Le *commercium* (vient de « *chose associée* ») est défini à deux époques. Dans la première (qui court jusqu'en -241), c'est le fait d'acheter et de vendre mutuellement par tout procédé de droit ; si les étrangers ne peuvent le faire, le *commercium* les y autorise par dérogation aux textes existants.

Dans la seconde époque (après -241), on présente le *commercium* comme la faculté d'acheter et de vendre, qui se caractérise aussi par le pouvoir de manciper (faculté d'échange réservée aux seuls citoyens romains), donc d'être propriétaires, créanciers, débiteurs *ex jure quiritium*.

2. L'hypothèse où les étrangers ne jouissent pas du commercium

Apparaît alors, grâce au préteur, un droit parallèle au droit civil que l'on nomme le *jus gentium* ou droit des gens (le droit international public). À l'époque, le *jus gentium* se présente comme le droit que tout individu transporte avec lui en dehors de sa cité d'origine. En d'autres termes, c'est un socle de droits minimums dont on bénéficie à l'étranger. Ce faisant, cela permet aux étrangers installés pour raisons commerciales à Rome de bénéficier de droits, de les faire reconnaître auprès des autorités et de les pouvoir les sanctionner. Le droit des affaires sera le « *fer de lance* » de cette évolution, c'est-à-dire qu'il dérogera aux règles civiles pour un certain nombre d'actes ayant pour objet le commerce. De la sorte, Romains et étrangers peuvent s'obliger plus facilement. D'ailleurs, pour bien marquer l'importance acquise dans la vie des affaires par les commerçants étrangers, est créé un second préteur, le préteur pérégrin (-242). Nommé par Rom, il juge d'après le *jus gentium* et offre la protection d'un magistrat aux commerçants étrangers.

En 212 après J.-C., la citoyenneté romaine est délivrée automatiquement à tous les habitants de l'Empire (édit de Caracalla). Mais on sait que cet édit a été surtout adopté pour des raisons fiscales ; des peuples soumis restent hors champ.

II. Les techniques novatrices du préteur
A. Les grandes idées du droit prétorien
1. Un préteur créateur de droit

Incarnant la plus haute magistrature après celle des deux consuls, le préteur dispose d'un pouvoir d'ordonner appelé *imperium* auquel tout citoyen doit obéir (cf. aux licteurs qui l'accompagnent). En théorie, cela lui permet de dialoguer avec les dieux – les Romains étaient très croyants et superstitieux – et de créer du droit, celui-ci étant toujours l'effet de la volonté divine. D'où la naissance d'un droit souple, modernisé et dont l'effectivité est très forte, car nul ne saurait le contester. Dès qu'apparaît un besoin nouveau dans la société, le préteur modifie le droit en fonction des besoins : c'est l'idée de « *droit prétorien* » – qui est aujourd'hui le pouvoir de création du droit par les tribunaux.

Dans une première étape, le préteur créé de nouvelles actions en justice, ce qui permet d'élargir le champ du droit des affaires. Par conséquent, on peut s'obliger et être protégé par une action en justice, tandis que le vieux système ne prévoyait que de rares et complexes actions judiciaires. Cette création profite aux créanciers car elle améliore nettement les conditions d'exécution de l'obligation. Dans certaines circonstances, le préteur peut créer des interdits paralysant l'action en justice (prescription, interdit possessoire). Devant leur archaïsme, le préteur met au point des actions plus modernes et surtout plus rapides. Il crée la *procédure formulaire*, qui apparaît au IIIe siècle av. JC. Les parties rédigent leurs conclusions, les signent et les remettent au préteur. Celui-ci remet les formules à un juge privé - une sorte d'arbitre - qui tranche le conflit. Cette procédure sera remplacée par la procédure extraordinaire sous l'Empire.

La seconde idée reprise des Grecs est celle de l'importance du consentement, de la liberté de discernement que l'on peut traduire par « *l'autonomie de la volonté* ». Lorsque la volonté des parties est librement exprimée, le consensualisme suffit pour créer des obligations réciproques ; le formalisme apparaît bien inutile. Les économies en temps et en argent ainsi réalisées profitent aux utilisateurs du droit.

2. Les apports du droit prétorien au droit des affaires

On recense plusieurs innovations du préteur au droit des affaires.

Le premier apport réside dans l'assouplissement des règles de création de l'obligation. Or, à l'époque, s'obliger est compris comme s'enchaîner (*obligare = ob ligare*). Si on devait autrefois échanger des paroles devant un juge sur le lieu de la chose vendue, le consensualisme intermédiaire apporte désormais plus de souplesse : le seul symbole de la chose suffit à matérialiser l'échange des consentements (l'un donne à l'autre un petit animal en bois, ou un fétu de paille pour matérialiser l'objet). Cette remise de la chose permet de contracter des obligations réelles : gage, dépôt. Dans un second temps, c'est le consensualisme pur, il n'y a plus remise d'une chose, les seules paroles et l'accord sur la chose et sur le prix suffisent à contracter : vente, louage, mandat, société. Naît alors la théorie des vices du consentement qui est à l'origine des notions de dol, de violence, de lésion. Ces éléments vicient le consentement de la partie qui s'oblige dans des conditions qui relèvent du droit des obligations. La lésion, par exemple, est l'un des vices du consentement que reconnaît le droit français. Ces notions seront reprises par le droit médiéval, puis dans le code civil de 1804.

Troisième apport, la présomption de solidarité en droit commercial. Or, le droit français reprend cette idée, mais pas le droit civil qui l'exclut (art. 1202 du code civ. ancien). Cela veut dire qu'entre armateurs ou banquiers, la solidarité est présumée et permet aux créanciers d'obtenir davantage de garanties car là où il y a solidarité, il y a toujours plus de crédit.

3. Préteur et droit maritime

Le droit maritime joue un rôle primordial dans la gestion économique de l'Empire : Rome importe le blé dont elle a besoin ; la flotte est essentielle pour transporter des troupes d'un endroit à un autre ainsi que leurs ravitaillements. Enfin, le transport maritime est bien plus rapide que ne l'est le transport terrestre. Mais sans l'inventer, les Romains transposent dans leur droit les droits maritimes grec et rhodien, et le droit fluvial égyptien. Les règles relatives aux avaries de navires sont rassemblées dans la *lex Rhodia*. La pratique connaît aussi le prêt maritime, adapté au commerce lointain, forme d'investissement : les Romains la surnomment la *pecunia traiecticia* ou « *l'argent qui voyage* ». Quand un particulier prête des fonds à un commerçant, l'emprunteur ne rembourse le prêt que si le navire portant la cargaison parvient à bon port (*Dig.*, 22, 2, 1). Puis, par extension, on étend le prêt à l'hypothèse dans laquelle l'argent prêté sert à acheter des marchandises destinées à être exportées pour être revendues.

Quant au dernier apport qu'on doit au préteur, il concerne le droit de la faillite ; celui-ci fait l'objet d'une profonde refonte.

B. La faillite : de la rigueur à la saisie réelle du débiteur
1. Rigueur de la faillite : elle touche le débiteur

La faillite dans le droit des affaires romain connaît une longue évolution qui s'étale sur 6 siècles (V^e av JC-IIe après J.-C.). On passe d'une pratique très brutale et primitive à une autre plus civilisée ; de la vente du débiteur à celle de ses biens. Dans un premier temps, le débiteur qui ne peut régler ses dettes se livre à son créancier qui l'enferme dans sa prison privée (ex une cave). Là, il est chargé de chaînes dont le poids ne doit pas dépasser 15 livres (6 kg) et il est nourri au minimum (farine et eau pour qu'il survive). Au besoin, il peut faire venir de la nourriture à ses frais sur son lieu d'internement. Après 15 jours, le créancier peut l'emmener sur les marchés durant 2 mois. Cela lui laisse le temps d'en appeler à la solidarité de sa famille (qui peut craindre le discrédit de son nom), ou bien compter sur un tiers généreux qui peut solder ses dettes.

Au terme de ce temps, le créancier peut, au choix, le vendre comme esclave (au-delà du Tibre, fleuve qui sépare Rome du reste de la province) ou le garder chez lui pour le faire travailler à son profit. Ou, encore, il peut le mettre à mort. S'il y a plusieurs créanciers, la Loi des XII Tables dispose que ces derniers se partagent les morceaux du débiteur au prorata de leurs créances (« *partes secanto* »), car le débiteur insolvable est réputé infame – il est privé de sépulture et son corps déchiré.

Le préteur s'intéresse aussi à améliorer les conditions d'exécution des obligations, en réformant la procédure de saisie personnelle sur le débiteur. Or, son exécution était dramatique. En effet, le débiteur, s'il n'exécutait pas son obligation, était littéralement soumis à son créancier. D'abord, on faisait appel à la solidarité de la famille ; on lui laissait un délai pour racheter la créance, afin d'éviter que sa réputation soit entachée. D'habitude, on exposait le prisonnier pendant trois semaines sur les marchés publics, et si la famille ne le rachetait pas, il était alors vendu comme esclave. Le prix de vente dépendait de son âge, de ses qualités extrinsèques (visage, taille) et intrinsèques (éducation, langues parlées). Le vendeur devait garantir les vices cachés.

2. La faillite touche le patrimoine du débiteur

Cette première forme de faillite évolue avec la procédure de vente des biens (*venditio bonorum*), prévue par le préteur en 118 avant J.-C. Il s'agit de faire pression sur le débiteur pour l'inciter à payer ses dettes. Certes, on ne touche plus à la personne du débiteur, mais celui-ci est frappé d'infamie dont les conséquences sont, à l'époque, terribles sur le plan social. La personne qui en est frappée perd ses droits civiques et commerciaux (radiation des listes électorales, interdiction d'entrée sur les marchés ou lieux de bourse) ; elle est radiée de la vie publique mais conserve toutefois le droit de voter en siégeant dans la catégorie la plus basse des électeurs, celle des prolétaires.

Dès lors, les créanciers présentent au préteur une demande tendant à la confiscation provisoire des biens du débiteur (la procédure s'enclenche même en présence d'une dette mineure). S'il l'accepte, le préteur désigne un curateur chargé de gérer provisoirement les biens du débiteur et doit les répartir selon les désirs du magistrat. On placarde ensuite des affiches sur les places publiques pour informer la population du sort du patrimoine du débiteur. Alors, un des créanciers recense les biens et établit une liste globale, dans laquelle il fixe une valeur forfaitaire à l'ensemble du patrimoine. 10 jours après, on procède à une vente aux enchères par lot global, sur la base de l'évaluation ; les créanciers espèrent que les enchères s'élèveront au-delà de l'estimation initiale. Pour bien faire, les créanciers s'arrangent pour offrir le maximum de publicité à la vente.

Cette procédure sera suivie dans le sud de la France – qui observe alors le droit romain – jusqu'à l'Ordonnance du commerce de 1673. Quant au débiteur, une fois cette procédure de *venditio* achevée, il se constitue un patrimoine libéré de toute dette.

Fiche 5 L'ESCLAVE, OBJET DE COMMERCE

Les anciennes civilisations ne considéraient pas avec mépris les esclaves, que Varron qualifie d'*instrumentum vocale* ; en Grèce, on les appelait les « *hommes-pieds* » ou « *andropoda* ». Considéré comme objet de droit, l'esclave occupe une place fondamentale dans les sociétés primitives. Cela invite à l'étudier en le replaçant dans le contexte de la société romaine. Il existe des esclaves publics et privés, mais Gaius s'intéresse uniquement aux seconds, qualifiés indifféremment de *servi* ou de *mancipia*. Au fil du temps, la puissance du maître sur l'esclave s'atténue, victime des interventions répétées du législateur.

En premier lieu, on intéressera aux sources de l'esclavage (I) et, dans une seconde optique, à ses conditions de vie et à la modification de son statut (II).

1. Qui est l'esclave ?
A. L'esclave volontaire

La littérature révèle que l'esclave peut être un ancien citoyen qui a renoncé à dessein à ses droits. Le *Digeste* fait ainsi référence aux hommes libres qui, en échange de participation financière (*ad pretium participandum*), se sont vendus en qualité d'esclave. Cependant, cette faculté répugnait à l'ordre social car s'il devenait servile, l'ex-homme libre ne pouvait plus servir dans l'armée puisque celle-ci exigeait des citoyens ; les textes punissaient de mort tout militaire qui devenait esclave, écrit Pline. Dans des temps graves, le pouvoir ne fait pas appel aux hommes serviles, lui préférant les mercenaires.

Des auteurs classiques comparent l'esclave volontaire aux alluvions, à ces cours d'eau dont le statut juridique est transformé par le temps. La misère, un revers de fortune conduisent le paysan misérable à entrer au service d'un autre, dans l'espoir d'être logé, nourri, et de bénéficier du pécule.

Enfin, l'ambition est aussi une circonstance qui oblige à renoncer à sa citoyenneté : certaines professions exigent de recruter des esclaves pour mieux les contrôler. Dans cette optique, devenir servile, c'est espérer atteindre une situation matérielle meilleure (dans le secteur bancaire).

B. L'absence de consentement au statut d'esclave
1. Les *expositi* ou enfants abandonnés

Cette pratique (encore courante en Orient) consiste à délaisser ses enfants, c'est-à-dire renoncer pour les parents à exercer leurs droits en l'abandonnant. Le Talmud l'autorise, en cas de « *pauvreté extrême* ». Autre motif il s'agit de dissimuler une naissance qui reposerait sur des actes prohibés, tels que l'inceste ou l'adultère. Il peut aussi s'agir d'une technique primitive destinée à limiter les naissances ; ainsi pour les familles aisées où une naissance tardive bouleverse le schéma successoral envisagé. Le père disposait d'un délai de 8 jours, après la naissance, pour prendre sa décision.

Le droit civil dispose que la liberté étant chose sacrée, les enfants conservent le statut de leurs origines. S'ils sont nés serves, ils le demeurent ; en revanche, s'ils sont nés ingénus, ils le restent (affaire Virginius en -445). S'ils sont recueillis par un marchand d'esclaves, ils se retrouvent esclaves, sauf s'ils prouvent leur statut d'ingénu.

2. Les captifs ou vaincus

À la guerre, la condition du vaincu est terrible ; soit il est épargné - mais il devient alors esclave ainsi que l'écrit Xénophon -, soit il est mis à mort. Dans l'Antiquité, cette circonstance conduit à, chaque conflit, à un afflux de captifs : en -167, l'armée romaine s'empare d'une centaine de milliers de soldats grecs ; le maître de la cavalerie, Polybe (historien célèbre, otage), se reconvertit en pédagogue auprès d'une riche famille patricienne. En général, les étrangers non grecs sont réduits en esclavage – ainsi les Perses, détestés -, les autres sont revendus à leurs compatriotes. Les esclaves sont, à Athènes, affectés aux mines d'argent du Laurion qui assurent une partie des recettes de la cité. Ailleurs, on les affecte aux travaux pénibles des mines, à ceux des champs ou aux travaux publics.

Lors de la guerre des Gaules, Rome réduit en esclavage plusieurs centaines de milliers de guerriers gaulois, réputés pour leurs qualités guerrières et artisanales.

3. Les débiteurs insolvables

L'insolvabilité du débiteur conduit à ce qu'il soit privé de ses droits : la loi des XII Tables dispose que l'on se partage son corps en autant de morceaux qu'il y a de créanciers (« *in partes secanto* »). Pour certains, il s'agit d'user de rigueur contre un particulier qui maque à ses obligations civiles ; le couper en morceaux, c'est le rejeter du monde des vivants et l'empêcher d'avoir une sépulture, donc le soumettre à la damnation.

II. La vie de l'esclave et la modification de son statut

Les esclaves ne vivent pas tous dans les mêmes conditions ; leur sort dépend du caractère de leur maître. En propriétaire de la chose, celui-ci peut les utiliser comme bon lui semble, et les maîtres capricieux ou misanthropes rendent la vie sévère à leurs esclaves. Dans les villes, les esclaves sont chargés de tâches peu gratifiantes : enlèvement des cadavres lors des jeux du cirque ou nettoyage des rues.

A. Les fonctions de l'esclave
1. Une main d'œuvre agricole ou artisanale

La valeur de l'esclave dépend de ses talents, de sa santé et de son âge, étant entendu que dès l'âge de six ans, l'esclave est considéré comme apte au travail.

Son prix moyen tournait autour de mille sesterces (la solde annuelle d'un légionnaire). Cependant, les prix pouvaient être bien plus élevés si l'esclave présentait une qualité rare ;

un bon pêcheur atteint six mille sesterces ; quant au bon vigneron, sa valeur selon Columelle (célèbre agronome romain du premier siècle notre ère) serait plus proche de huit mille sesterces. Le maître de grammaire s'achète à un prix plus élevé encore, tout comme « *celui qui parle aux oiseaux* » - qui atteint des sommets.

2. L'esclave, pivot de l'exploitation bancaire ou commerciale

Il est des cas où l'esclave jouit d'une autonomie considérable. Lorsqu'il fait preuve d'intelligence et de savoir, le maître peut lui confier la responsabilité de la gestion d'une exploitation agricole ou industrielle (*familia rustica*). Dans ce type d'hypothèse, l'esclave percevait un pécule, sorte d'intéressement aux résultats. Une fois libre, les ex-esclaves reçoivent leur pécule et l'utilisent comme bon leur semble. La plupart se lancent dans le commerce ou la banque.

B. L'évolution du statut : l'encadrement des droits du maître

1. Des droits d'abord absolus

Il n'existe à l'origine guère de limites aux droits du maître sur sa chose. Quant à l'hypothèse du maître assassiné, que deviennent alors ses serviteurs esclaves ? En principe, ils doivent suivre son sort ; ainsi, en 61 ap. J.C., une révolte gronde à Rome : la plèbe, en effet, prend fait et cause en faveur de 400 esclaves, promis à la mort parce que leur maître, alors préfet de la ville, vient d'être assassiné. En fait, c'est tout l'enjeu du conflit entre le droit et le fait ; à ce moment, les Romains ont évolué dans leur conception de l'esclave. Le droit d'Auguste s'applique toujours ; il constitue une réponse à la révolte de Spartacus (gladiateur dans une école d'entraînement) de 70 av. J.C., où 100 000 esclaves conduits par un gladiateur thrace avaient menacé Rome et écrasé ses légions, avant d'être sévèrement châtiés. À la même époque, l'Empereur Claude décide d'appliquer aux *honestiores* des peines criminelles applicables jusque-là aux seuls *humiliores*. Ce mouvement devait s'accentuer par la suite, conduisant à une certaine égalité entre esclaves et non esclaves devant la loi pénale.

2. Puis la législation encadre plus rigoureusement les droits du maître

Cependant, le maître voit ses droits s'amoindrir dans le temps, afin d'éviter tout abus de sa part dans l'exercice de sa *potestas*. Ainsi, la loi *Petronia* (19 ap J.C.) défend pour l'avenir aux maîtres de livrer leurs esclaves aux bêtes, sauf s'ils ont été reconnus coupables - donc privés de la protection de la loi.

Quelques décennies plus tard, Claude, sous forme d'un édit, dispose que le serve vieux ou malade ne peut être ni abandonné, ni mis à mort par le maître, faute de quoi il encourt des sanctions sévères. Plus tard, Antonin ajoute une protection supplémentaire : le maître ne peut mettre à mort l'esclave sans motifs valables. En outre, en cas de mauvais traitements, qualifiés de « *sévices intolérables* », la loi permet à l'esclave de fuir le domicile du maître et de se réfugier soit dans un temple, soit auprès de la statue du prince. Dans cette circonstance, l'esclave recourt à l'*imperium* du magistrat et contraint le maître à le vendre. L'esclave prouve son état soit en présentant ses blessures, soit par des témoignages. Cette vente n'affranchit pas l'esclave ; elle lui permet d'espérer un maître plus soucieux de lui.

3. Les sanctions pénales encourues par l'esclave

Le maître étant considéré comme le propriétaire de la chose, il a droit de correction sur elle, et ce droit peut aller jusqu'à la mort dans les circonstances les plus graves. Les châtiments sont variables ; le plus léger consistant dans la réprimande orale ; ensuite, il y a les coups, la gifle, le fouet, le carcan. Si l'esclave a tenté de fuir, la peine est plus lourde, puisque c'est une partie du patrimoine du maître qui a failli lui échapper : le préjudice est donc direct, et aussi indirect : cela peut inciter les autres serves à s'enfuir. Aussi utilise-t-on des chaînes spéciales afin d'entraver sa marche. Si l'esclave a volé, a trompé son maître ou lui a causé un tort (avoir causé un scandale lors d'une réception privée), il encourt la crucifixion : cette peine, subie par le Christ lors de la Passion, est réservée aux esclaves.

C. La liberté ou l'affranchissement
1. Les conditions

La condition d'esclave peut être transformée à la suite d'un affranchissement (dit *manumissio*). Les conditions sont doubles ; elles doivent être de fond et de forme. Parmi celles du fond, il y a en premier lieu celles du maître dont le consentement est exigé. En second lieu, l'acte intéresse l'État puisque l'affranchi devient citoyen ; d'où un contrôle par le paiement d'une taxe au profit du Trésor (elle est de 5% au Ier siècle, elle double après Caracalla).

Les conditions de forme se réalisent par le recensement, soit par la *vindicta* : c'est un procès dans lequel l'esclave est considéré comme un homme libre indûment retenu. Un tiers revendique en justice sa liberté et le maître ne s'y opposant pas, le magistrat prend acte que cet homme est libre puisque personne ne conteste sa liberté. Quant à l'alternative du recensement, elle est plus ardue : celui-ci a lieu tous les cinq ans. Dans cette hypothèse, le maître inscrit son esclave comme homme libre ; si le censeur l'accepte, l'inscription sur les registres officiels de la cité fait de lui un citoyen. En contrepartie, il doit servir en cas de nécessité, payer l'impôt et obéir à la loi. Lorsque la liberté est accordée à l'homme serve, elle ne peut lui être reprise : l'affranchissement est un acte irrévocable.

Parmi les beaux exemples que l'Antiquité a laissés, celui de Pline le jeune – neveu du littérateur et amiral - est remarquable : dans son testament, ce haut fonctionnaire affranchit deux mille de ses esclaves et leur laisse un bout de son patrimoine.

2. Les avantages attachés à l'affranchissement

Après la liberté, il y a le droit à une sépulture : les esclaves étaient jetés sur la voie publique, tels des chiens errants. Ériger son tombeau de son vivant, c'est prévoir l'instant où l'on passe du monde des vivants à celui des morts. Autre avantage, celui de poursuivre le service du maître qui vous a affranchi, jugeant plus sûr le fait de rester avec lui que de s'en séparer. Par exemple, quand Cicéron est nommé gouverneur de Cilicie, en 51 av. J.C, il est secondé par son affranchi, Tiron, qui a mis au point une sorte de sténographe, très utile on s'en doute, pour les fonctions du gouverneur.

L'esclave affranchi peut asseoir sa fortune ; les exemples sont nombreux de ces affranchis devenus richissimes par la corruption, tel Pallas qui avait servi Caligula, puis Claude. Dion Cassius l'évoque dans son *Histoire romaine :* il vend des charges de l'État, telles celles de gouverneur, proconsul, légat ou questeur ; il se met en relation avec les peuples, leur prête des fonds à des taux d'intérêt usuraires ; il spécule sur des achats de blé en Égypte et en Afrique du Nord ; il se lance aussi dans la promotion immobilière.

Par grâce, l'Empereur, pour marquer sa satisfaction, accorde à l'affranchi un anneau d'or, signe d'appartenance à l'ordre équestre. Il est considéré comme n'ayant jamais été servile ; son destin est tout tracé, orienté vers les magistratures importantes (tel Auguste pour Antonius Musa, son médecin, qui l'a plusieurs fois sauvé des fièvres).

En revanche, l'affranchi reste pénalisé quant à ses droits politiques ; seuls ses enfants peuvent être considérés comme véritablement libres. En effet, l'affranchi possède le *ius suffragii* mais pas le *ius honorum*. S'il peut élire et participer aux assemblées politiques, il ne peut, en revanche, être élu à une magistrature, sauf si l'Empereur lui a offert un anneau d'or.

Après des siècles de prospérité, la civilisation romaine rencontre des difficultés après la fin du IIe siècle, qui est celle de son apogée. Parmi elles, on trouve la montée de la fiscalité impériale : les gens d'affaire sont soumis à l'obligation d'être enregistrés et supportent une taxe fixée d'après leurs bénéfices annuels (*aurum negotiatorum*). Viennent, ensuite, les invasions barbares qui fragilisent le système défensif, et alourdissent les frais liés à la défense des frontières – le *limes* coûte cher. Certains peuples étrangers sont alors payés par Rome pour défendre ses frontières (les fédérés). En troisième lieu, les successions impériales au trône sont contestées ; elles conduisent à des guerres fratricides et suscitent une vague de violences : destructions violentes, atteintes aux personnes sont alors le lot commun des populations. Enfin, l'État romain fixe les prix et les salaires dans un vaste mouvement d'autoritarisme économique – l'édit du Maximum apparaît en 301 –, des pans entiers de l'économie sont nationalisés (mines, transports…), la monnaie dévaluée et les professions deviennent héréditaires (après 321). En 476, la partie occidentale disparaît politiquement, tandis que celle située en Orient survit près d'un millénaire.

PARTIE II.
LE RENOUVEAU DU DROIT DES AFFAIRES AU MOYEN ÂGE

Chapitre 1 La base : le droit canonique et le commerce

Fiche 6 Le rôle économique de l'Église dans la société médiévale
Fiche 7 La prohibition de l'usure

Le Moyen Âge est une époque qui se divise en deux phases : la première est dite Haut-Moyen Âge ; elle part de 477 et s'achève vers 1150. La seconde, qui suit la précédente, est appelée Bas-Moyen Âge et démarre en 1150 pour s'achever en 1453/1492.

Cette période du haut Moyen Âge est mouvementée pour le commerce : elle connaît une foule d'éléments négatifs que sont l'insécurité, la pénurie de monnaie, la forte chute des productions agricole et artisanale, une société autarcique, la baisse démographique. Pire encore, le commerce maritime tend à se raréfier, car on a oublié les savoirs traditionnels.

L'Église joue un rôle primordial dans la renaissance des affaires et du commerce. Il faut comprendre qu'elle est, avec les seigneurs féodaux, un grand propriétaire temporel car elle a reçu de nombreux dons ou aumônes pieuses. On lui doit aussi des efforts en faveur de la paix. Deux développements éclairent les liens étroits entre les affaires et l'Église : le premier évoquera les relations entre les pouvoir publics et les autorités religieuses (fiche 6), tandis que le second se rapporte à l'interdiction de l'usure (fiche 7).

Fiche 6 LE ROLE ECONOMIQUE DE L'ÉGLISE DANS LA SOCIETE MEDIEVALE

Parmi les rares institutions antiques qui subsistent, il faut retenir l'Église. Par son organisation cohérente et centralisée, reste un îlot de civilisation dans une société barbarisée où l'écrit a disparu ; elle conserve dans ses archives la mémoire de l'Occident. Elle s'efforce de prendre en main la destinée des populations : elle gouverne les villes sur des fondements sains, incite les belligérants à la paix, donne des bases culturelles aux populations ; elle joue un rôle de protection en instaurant la sauvegarde des civils. Enfin, elle gère prudemment son patrimoine, transformant l'or et l'argent en objets d'orfèvrerie et en cas de besoin, elle les fait fondre pour frapper de la monnaie. Mais cela incite des bandits à se les approprier, tels les Wikings.

I. Le rôle économique de l'Eglise
A. L'émergence de services publics

Parce que l'église est l'institution lettrée par excellence, elle forme les cadres dont la société médiévale de cette période a besoin : juristes, théologiens. Par conséquent, le droit canon inspire la plupart des droits de l'époque.

En raison du rôle social, culturel et politique qui est le sien, l'Église doit assumer de lourdes charges financières. Aussi, pour supporter ses dépenses le Pape autorise-t-i l'Église à percevoir des impôts sur les populations : dîmes, taxes assises sur une part des récoltes agricoles sous forme de redevances. Ces recettes financent quatre objets délaissés par les pouvoirs publics, parce que réputés coûteux et improductifs : la rémunération du clergé ; le financement des hôpitaux et dispensaires ; l'assistance aux pauvres ; la création et l'entretien des écoles, des collèges et des facultés. Ces dîmes constituent 250 millions de revenu (3-5% de la richesse française). Elle prend en charge ces exclus et tente de les réinsérer dans la société.

B. L'Église et les affaires

Des moines établis dans les terres du Nord de l'Europe s'intéressent aux affaires. Parmi eux, Alpert, installé à Utrecht (vers 1021) critique les marchands pour leur excès - dont la rétention abusive des gages des emprunteurs. Un autre contemporain (Aelfric, de l'abbaye de Cernel dans le Dorset), à l'inverse, exalte l'intérêt du marchand dans la société médiévale. Il le déclare « *utile au roi, au chef, aux riches et à l'ensemble du peuple* » ; il est capable de voyager très loin pour procurer tout ce dont désire le consommateur en produits précieux. Dans cette optique, le profit se justifie par le risque qu'il a entrepris, par la nécessité de récompenser son travail, enfin par l'entretien de sa propre famille.

C. Une politique immobilière active

L'Église est un soutien important de l'activité économique, d'autant que la propagation de la foi incite aux déplacements de population (pèlerinages, croisades), favorisant ainsi les échanges internationaux et le tourisme : des villes en tirent leur source de richesses (cf. Gênes pour le transport des croisés/pèlerins en terre sainte).

Enfin, l'action de l'église s'accompagne aussi d'une importante politique de construction immobilière (cathédrales, abbayes, hôpitaux…) favorisant l'activité artistique et de la construction. Il faut retenir l'ère des cathédrales : en faisant appel à la générosité des fidèles et des clercs, l'Église offre au secteur du bâtiment des chantiers qui attirent une main-d'œuvre bien formée. Ils procurent du travail, des débouchés pour les productions minières et forestières (carrières…) et pour les professions liées à ce secteur. Sont ainsi bâties en France 80 cathédrales, 500 abbayes, des dizaines de milliers d'églises.

Ce système se perpétue jusqu'en 1789. Là, La Révolution sécularise les biens du clergé au profit de la puissance publique. L'État entretient le clergé – devenu fonctionnaire - et supporte les dépenses liées aux hôpitaux et à l'enseignement.

II. Les Croisades créent de nouvelles routes commerciales et des cités commerçantes

A. Qu'est-ce que la croisade ?

Les Croisades sont une coalition occidentale dont le but consiste à recouvrir la possession des lieux saints de la Chrétienté - Jérusalem est son objectif le plus connu. En se déplaçant à plusieurs milliers de kilomètres de l'Occident, les Croisés suscitent l'ouverture de routes commerciales. En effet, il fallait les ravitailler dans leur voyage vers la Terre sainte, transporter les moyens financiers nécessaires aux expéditions, de sorte que plusieurs besoins sont apparus en très peu de temps. Enfin, les Occidentaux ont découvert le monde des produits orientaux, tels que porcelaine, épices, soie. Les épices (poivre, cumin, …) permettent d'accommoder et de mieux conserver les aliments. De son côté, l'Occident exporte sel, sucre, vin, drap, miroir.

Cela favorise l'émergence de comptoirs commerciaux pour répondre à cette demande ; ces comptoirs se sont transformés en cités-États dont les plus célèbres sont Gênes et Venise. Leur puissance repose sur deux pivots : l'activité maritime (construction navale, affrètement, transport, assurance maritime) et l'activité bancaire. L'Europe devient aussi une pépinière de navigateurs : elle lance de grandes explorations à la recherche du monde inconnu et créée de nouvelles routes commerciales. L'exploration maritime revient aux petites nations : Portugal (Magellan), Venise (Marco Polo en 1270-1290), où la noblesse joue un rôle moteur.

B. Quelques croisades éminentes
1. La première croisade, une réussite éphémère

Elle débute en 1095, prêchée par le pape Urbain II à Vézelay en Bourgogne. Elle met trois ans pour parvenir en Orient, et c'est un lorrain qui s'empare de Jérusalem – Godefroy de Bouillon, duc de Basse-Lorraine ; il devient le premier roi du même nom. Les États latins d'Orient disparaissent, victimes de leurs divisions intestines et de la progression des Musulmans sous Saladin (1187 : défaite de Hattin). L'élan des premières croisades a amorcé une sorte de pompe commerciale qui change le cours du droit des affaires : elle structure le commerce, suscite de vastes besoins et offre des débouchés. Venise, lors de la croisade très contestée de 1194 et celle de 1201, reçoit 40.000 marcs d'argent des croisés ; elles les fond pour émettre le gros, sa monnaie nationale.

2. La croisade de 1248

Les Génois assurent la réunion d'une immense flotte (1 800 bateaux) destinée à transporter des chevaux et tous ceux qui se rendent à la Croisade. Des banquiers génois prêtent des fonds aux croisés les plus éminents (au roi de France, au Pape). Cette cité devient un centre d'affaires très important ; on écrira que « *les techniques de crédit, qui avaient constamment progressé durant les cent années précédentes, atteignaient, à cette époque, un degré de maturité qui ne sera plus dépassé avant longtemps* ». En second lieu, les Génois comme les Vénitiens arrachent des avantages commerciaux auprès des états orientaux : monopoles commerciaux, taxes réduites à l'exportation, achat de reliques pour développer le tourisme religieux et accroitre leur prestige, quartier réservé donné en concession, compétence des tribunaux nationaux sur le sol étranger… L'exemple le plus célèbre est la Bulle d'Or délivrée par l'empereur romain d'Orient aux Vénitiens (1082).

En France, les croisades sont le moment où la fiscalité devient exceptionnelle, car l'État introduit une dîme dite saladine. La première croisade de Louis IX concentre d'énormes sommes (un million de livres tournois).

L'afflux d'or vers l'Occident stimule la croissance économique et rehausse le niveau de vie des Européens à partir du XIIIe siècle (diffusion des monnaies byzantines et arabes). Dès cette époque, les centres d'affaires voient leur population s'accroître : Paris, Florence, Gênes et Venise ont des tailles démographiques similaires. Elle bouleverse la société occidentale en affaiblissant l'espace seigneurial, appauvri par l'inflation et par le coût élevé des croisades.

Fiche 7 LA PROHIBITION DE L'USURE

L'*usura* est le nom médiéval du prêt à intérêt. Celui-ci, sous l'angle du droit, est considéré par des théologiens comme un crime plus grave que l'homicide. D'autres religions témoignent aussi d'une méfiance vis-à-vis de l'argent, considéré comme corruptible et destructeur des individus. Si par principe l'usure est prohibée (I), l'Église admet cependant un certain nombre d'exceptions à cette prohibition (II).

I. La prohibition de l'usure
A. Arguments de cette prohibition

Un certain nombre d'arguments justifie la position de l'église et du droit canon qui est en l'expression. Ce droit canon transpose dans la société médiévale la vision de l'église.

Plusieurs arguments sont martelés : l'église s'inspire de la philosophie antique, l'échange envisagé en lui-même est stérile – thèse combattue par les penseurs protestants au 16^c siècle. D'autre part, l'Église répand l'idée philosophique selon laquelle la richesse s'accompagne de danger, de la chrématistique : produire pour vivre et pour faire vivre, mais produire pour gagner plus est un péché (Saint Thomas d'Aquin). L'usure est vécue comme un péché contre la justice.

En fait, si l'église n'est pas par nature hostile au commerce, elle estime que l'homme doit rechercher son salut éternel et qu'il faut distinguer l'intérêt personnel de l'intérêt collectif : elle craint que l'égoïsme ne soit préjudiciable aux intérêts du groupe. Le monde des affaires, l'idée de profit ne sont pas les moyens adéquats pour sauver son âme. Le Décret de Gratien dispose que « *le marchand ne peut plaire à Dieu – ou difficilement* ».

Ensuite, l'Église considère qu'est injuste le taux excessif du prêt d'argent (20-50% l'an) ; il est contraire à un contrat équilibré : le service rendu est excessif ; l'Église permet donc à l'emprunteur d'intenter une action en rescision. Ou bien l'usurier restitue spontanément ce qu'il a amassé.

Troisième argument : si les chrétiens sont frères, alors ils doivent tous posséder les mêmes droits et les mêmes devoirs et bien se traiter les uns envers les autres. Par conséquent, on ne peut plus mal traiter son voisin que son frère ou sa sœur, comme l'exige le *Deutéronome* (« *A l'étranger tu pourras prêter à intérêt mais tu prêteras sans intérêt à ton frère* », 23, 20).

Quatrième argument : la répulsion qu'inspire le métal jaune, l'or. Celui-ci est considéré comme l'archétype d'une société païenne, où l'or occupe une place sociale disproportionnée et dangereuse. C'est se référer au « *veau d'or* » des Hébreux, cette relique sur laquelle s'organisaient des cérémonies religieuses. Pour l'Église, c'est l'amour et les sentiments qui doivent inspirer l'individu, pas l'argent. En d'autres termes, l'argent n'est jamais qu'un moyen, jamais une fin en soi.

Cinquième argument : l'argent, certes nécessaire, ne doit pas occulter les rapports basés sur l'amour des individus entre eux. Sinon, le risque d'une société où l'argent serait prédominant encouragerait au vice et au péché. L'avarie est un grave péché.

B. Portée de cette prohibition
1. Fondement
L'Église cherche à encourager l'activité économique, en limitant le recours au prêt à intérêt. Elle estime que l'argent, avant tout, doit servir à investir, à créer des richesses, non à consommer des futilités ou à épargner, car l'avarice est considérée comme un grave péché. Le prêt est autorisé s'il sert l'intérêt général, le développement économique et social de la communauté. Les contrats de société du Moyen Âge peuvent contenir des « *clauses d'aumône* » : les associés consacrent des recettes de la société commerciale à l'aide aux

pauvres, montrant ainsi qu'ils font la charité et que « *le riche soutient le pauvre* ».

Une fois la règle édictée, reste encore à l'appliquer dans les législations nationales. Cela est plus difficile qu'il n'y paraît. L'idée, issue de la Bible, est que la peine doit frapper ceux qui « *recueillaient ce qu'ils n'avaient point semé* ». Les Évangiles y font maintes fois référence ; pour ne citer qu'un exemple, celui de Luc évoque une parole où le christ déclare : « *Vendez vos biens et donnez-les en aumônes* » (12, 33). Pareille attitude de répulsion de l'usure est rappelée par le pape Benoît XIV dans son encyclique *Vix pervenit* (1745).

Le pouvoir temporel peut reconnaître ou non dans son droit interne le droit canon.

2. L'emploi de moyens exceptionnels

Plusieurs moyens exceptionnels sont employés à l'égard des usuriers : ainsi pour la délation et la torture.

La délation consiste à encourager la dénonciation d'un acte frauduleux auprès des autorités. Elle est encouragée et récompensée : il est prévu que le dénonciateur reçoive en récompense une partie des biens de la personne dénoncée (en général, c'est un tiers).

Le recours à la torture est aussi autorisé pour traquer les contrevenants : il s'agit d'inciter le coupable à dénoncer ses complices et, le cas échéant, à démanteler un réseau. Cet usage d'un moyen de coercition extraordinaire mis entre les mains de l'Inquisition fait beaucoup parler de lui au Moyen Âge. Le contrevenant est poursuivi soit devant les tribunaux ecclésiastiques, soit devant les tribunaux séculiers (ceux des seigneurs ou des souverains).

3. Les sanctions

La première peine est celle de l'excommunication.

L'autre peine, plus grave, consiste dans une alternative : soit le contrevenant paie une forte amende, soit ses biens sont confisqués et sa personne relève des tribunaux séculiers. Cela veut dire qu'exclu de la communauté, il encourt une sanction plus grave : le pape Innocent IV (1252) assimile l'hérésie à un crime de lèse-majesté divine dont la sanction est la peine du bûcher (le feu). Si le coupable abandonne une partie de ses biens, il a la vie sauve ; autrement, il périt et perd ses biens. En cas de confiscation de biens, un tiers revient au dénonciateur, un tiers à la cité, le dernier tiers revenant à l'inquisiteur.

Troisième type de peines, dictées selon les circonstances, l'amende ou une peine corporelle : en Italie, c'est une forte amende ou la langue coupée qui est usitée.

II. Les exceptions à l'interdit
A. Les exceptions découlant des personnes

L'exception du principe de l'usure touche quelques individus : peuvent pratiquer l'usure les populations qui ne sont pas soumises au droit canonique, telles que les Juifs, les Lombards (peuple germanique installé en Italie du Nord) et les Cahorsins (originaires de Cahors) et, dans un autre ordre, les Templiers.

Ces populations sont sévèrement contrôlées ; elles vivent dans des endroits fixés par les pouvoirs publics (en 1179, le concile de Latran fait des usuriers des étrangers et leur refuse la sépulture religieuse). Les Juifs ne peuvent acquérir de biens fonciers et exercer d'autre métier que celui d'usurier. Spécialistes des monnaies et du commerce international, les Lombards se voient confier la frappe de la monnaie royale française (1305), quand Juifs et Templiers font l'objet d'expulsions ou de persécutions.

D'où des mesures de rétorsion contre les usuriers en temps de crise : les souverains interviennent soit pour prohiber les créances nées de l'usure, soit pour expulser les populations qui en vivent. En expulsant les créanciers ou en leur infligeant de lourdes amendes, les rois ou seigneurs se libèrent de leurs dettes et accroissent leur popularité auprès de leurs sujets. Le plus célèbre est Philippe le Bel, qui, après avoir emprunté des fonds aux Templiers et aux Juifs, les chasse ensuite du territoire ou les persécute. Saint-Louis, déjà, avait agi ainsi en 1269, expulsant hors du royaume les prêteurs d'argent et dispensait les débiteurs de leur payer les intérêts échus.

La monarchie, qui laissait les fonds du trésor royal au Temple, sous la houlette des Templiers, les en retire en 1295 et les dépose alors dans la tour du Louvre. La guerre de Cent Ans les voit quitter le territoire, faute d'affaires et de sécurité assurée.

B. Les exceptions résultant de l'objet du prêt
1. Des dérogations rationnelles

Il existe une demande de prêt dans la société occidentale : les seigneurs – qu'ils soient grands ou petits -, à partir du XIIe siècle, sont en effet contraints d'emprunter, soit pour assumer leurs obligations financières (notamment les croisades), soit pour soutenir leur train de vie dans un temps où l'érosion monétaire les ruine plus que d'autres. L'Église tolère des exceptions qui, par leur ampleur limitée, ne remettent pas en question l'interdit.

Si l'on écarte les quelques exceptions au principe de la prohibition de l'usure (telles que les prêts ecclésiastiques ou l'état d'extrême nécessité), l'essor d'autres exceptions conduit à soutenir le renouveau économique occidental et à créer les conditions de l'émergence d'un système de crédit. C'est sur le fondement du travail méritant salaire et de la justice que l'église modifie sa doctrine. Les juristes de l'église créent le mort-gage : les fruits de la terre donnée en gage sont conservés et acquis au profit du créancier-prêteur.

Autre exception du droit canon (qualifiée de « *distancia loci* »), celle qui relève du transfert de fonds. L'intérêt rémunère tant le service matériel que les risques encourus (accidents, tempête, vol…) qu'il faut évidemment rémunérer. Troisième exception, celle qui découle du risque encouru par le prêteur, l'Église admet que puisse être exigé un intérêt, comme l'écrit à la fin du XIIIe siècle le dominicain de Lessines dans son traité *De l'usure*.

Plus tard, au XVIe siècle, Jean Calvin à Genève considère le prêt à intérêt comme licite ; les protestants vont devenir les grands spécialistes du crédit en Europe.

2. Le droit positif laïcise l'interdit

Là, la législation abroge l'ancienne interdiction canonique (loi du 3 décembre 1789) « *au taux fixé par la loi* » ; le prêt à intérêt devient licite.

Le code civil de 1804 prévoit deux régimes de l'intérêt (art. 1905) : soit il est conventionnel, soit contractuel. Dans ce second cas, il peut excéder le taux légal, sauf si la loi l'interdit (art. 1907). En fait, la liberté du taux conventionnel fut supprimée dès 1807 ; il fut fixé à 5% en matière civile et à 6% en matière commerciale. Enfin, la liberté du taux fut rétablie en 1918. Désormais, on dissocie en droit positif l'intérêt de l'usure : celle-ci constitue une infraction pénale lorsque le taux excède « *manifestement l'intérêt normal et la couverture des risques du prêt* » (C. pén. art 494).

Si l'Église catholique tolère le prêt à intérêt (depuis la réforme du décret de Gratien de 1917), la religion musulmane reste l'une des rares à refuser cette pratique des affaires : les *sukuks* connaissent un succès limité (700 milliards de dollars en 2008).

Chapitre 2 La nouveauté : l'apparition des foires commerciales

Fiche 8 Les raisons et les enjeux de cette apparition
Fiche 9 Emergence d'un nouveau droit et d'une nouvelle justice

Fiche 8 LES RAISONS ET LES ENJEUX DE CETTE APPARITION

Les foires apparaissent dès le XIIe siècle et vont prospérer jusqu'au début du XIVe. Ce sont des lieux d'échange entre l'Italie du Nord (de Gênes à Milan et Venise) et les Flandres (de Londres à Hambourg et la Baltique), deux espaces très dynamiques des affaires (abondante production textile, banques…). Plusieurs villes champenoises bénéficient alors d'un formidable essor, telles que Provins, Lagny, Troyes...

I. Les raisons

A. Poussée démographique et nécessité de moyens de paiement

Ces foires répondent à des besoins nés de l'explosion démographique de l'Occident. Les pôles urbains occupent une importance croissante ; ces villes développent des tissus bancaires et industriels de premier plan et vont se doter d'un droit plus adapté à leurs besoins. En particulier, les commerçants et agents d'affaires ont besoin de moyens de paiement modernes, de manière à ne pas s'encombrer d'espèces métalliques dont le transport est peu aisé et le change coûteux. Parce que la nécessité l'exige, le roi accorde des dérogations à l'interdiction de droit commun de l'usure, usant en cela de son pouvoir d'édicter des normes sur son territoire.

B. La recherche d'ordre, de justice et de sécurité

Autre élément recherché, celui de lieux paisibles et surveillés où marchands et négociants peuvent se rencontrer. Marchands et banquiers recherchent la paix, l'ordre et la sécurité. Ces lieux d'échange doivent aussi offrir une fiscalité douce.

II. Les enjeux des foires
A. Attirer/créer une zone de chalandise

L'enjeu consiste, pour les marchands, à faire fructifier leur activité commerciale en attirant la clientèle. Ou, s'ils doivent payer, ils exigent en contrepartie des garanties effectives (sécurité, dérogation à la prohibition du prêt à intérêt, enregistrement des actes commerciaux, prompte justice).

B. Eviter une concurrence fratricide

Les foires de Champagne sont organisées de telle façon qu'elles ne se font pas une concurrence les unes envers les autres. Elles se déroulent au fil de l'an et se succèdent sans se chevaucher ; cela permet aux marchands de les visiter l'une après l'autre. L'année commence avec la foire de Lagny (2 janvier), se poursuit avec la foire de Bar-sur-Aube (mi-carême) ; ensuite viennent les foires du printemps et de l'été : celles de Provins (mai), Troyes (9 juin-15 juillet), Provins à nouveau (14 septembre), Troyes (Saint-Rémi).

Pour limiter cette concurrence d'une zone déterminée, les marchands décident de créer des associations qui leur sont propres : on en trouve tant en France (Toulouse) qu'à l'étranger. Des villes marchandes prennent leur autonomie et délaissent les foires. Ces dernières, si elles restent utiles pour les contacts commerciaux, ne sont que des lieux de contacts mais non d'échanges effectifs. Ces villes s'affranchissent - au besoin en rachetant leur liberté – et sont gérées par le corps des marchands ; elles vivent par et pour le commerce : Gênes, Venise en Italie, Brême, Lubeck et Hambourg en Allemagne sont des villes libres, des cités-États qui disposent d'un corps diplomatique, d'une monnaie et d'un corps de gouvernement.

C. L'organisation du temps de foire

Le rituel de ces foires champenoises est immuable et repose sur trois étapes successives : la première (8 jours) est celle de la « *montre* » : installation des marchands, locations des étaux, déballage des marchandises. La seconde s'étale sur 30 jours de vente. Enfin, la dernière étape consiste dans 10 jours « *d'issue* » : c'est l'apurement des comptes et le règlement des litiges commerciaux.

En 1284, le roi de France intègre la Champagne au domaine ; le budget royal va se grossir de la monnaie d'argent apportée par les foires, monnaie qu'on retrouve ensuite à Londres ou en Italie.

Fiche 9 EMERGENCE D'UN NOUVEAU DROIT ET D'UNE NOUVELLE JUSTICE

La création d'espaces spécifiques au monde des affaires s'accompagne d'une nouvelle juridiction. Cette juridiction, qui n'est pas régie par le droit commun, est propre aux marchands : elle est composée des marchands eux-mêmes (I) ; elle applique un droit bien spécifique (II).

I. Une juridiction qui fait la part belle aux commerçants

A. Une juridiction d'origine

Pour assurer l'ordre et la sécurité dans la foire, qui attire aussi bien les marchands, les voleurs ou les escrocs, il est créé une police de la foire. Elle veille au respect des règles et, en particulier, vérifie la qualité des marchandises exposées, surveille les lieux, régularise le cours des ventes, voire le cours des monnaies.

De manière logique, c'est le seigneur de l'endroit où se tient la foire qui se charge de cette police ; c'est donc lui qui en nomme les agents : en Champagne, ses membres portent le titre de « *gardes des foires* ».

Quant à leurs compétences, ces agents sont revêtus de fonctions juridictionnelles car ils détiennent le sceau de la foire, accordée par le seigneur. Aussi connaissent-ils des contrats estampillés du sceau et, comme forces de police, ils connaissent également des crimes et délits commis sur les lieux. Leur compétence est donc double, soit en qualité de juge civil, soit comme juge criminel. Les amendes perçues le sont au profit du seigneur. Les marchands ne se satisfont pas de cette situation ; ils réclament une meilleure prise en compte de leurs pratiques. Ils obtiennent ainsi le privilège de constituer leurs propres juridictions.

B. Une juridiction composée de commerçants

Dans l'histoire du commerce au Moyen Âge, ce sont les marchands italiens qui obtiennent, les premiers, le privilège de constituer leurs juridictions. Ils se sont associés en corporations de métiers, ce qui fait leur force. Aussi, lorsque des marchands se rendent en France pour participer aux foires, ils sont souvent accompagnés d'un membre de la corporation ou de la cité : le consul.

Ce consul est chargé de deux missions : la première consiste à représenter la corporation ou la cité auprès du seigneur local ; il veille aux intérêts des marchands et exerce sur eux sa juridiction.

Dans un troisième temps, il se développe une juridiction spécifique de marchands qui porte le nom de Conservation des foires ; la plus célèbre d'entre elles est celle de Lyon (1419). Dans son principe, elle reprend le modèle des gardes des foires, à l'exception toutefois des incriminations pénales, qui restent du ressort des juridictions de droit commun.

Ainsi envisagée, cette juridiction s'occupe des affaires commerciales et des petits larcins. Mais qu'en est-il de ses compétences à l'égard des personnes ? *Ratione materiae*, la juridiction s'occupe des procès qui se tiennent pendant la durée de la foire, puis postérieurement, aux procès nés après la foire (l'exécution des contrats commerciaux conclus pendant la foire). *Ratione personae*, la juridiction est compétente à l'égard de toutes les personnes présentes à la foire.

II. L'émergence d'un droit particulier
A. Un nouveau droit

Les foires suscitent un droit nouveau, qui permet aux marchands de développer leurs affaires et de mettre en œuvre des règles plus adaptées à leurs besoins, donc simples et sûres. Parmi ces obligations, il faut citer le conduit de foire : il s'agit d'une sorte d'assurance qui protège les biens d'un propriétaire lors de la traversée de régions dangereuses. Les marchands contractent avec les seigneurs locaux qui, en échange d'une somme d'argent, leur offre une protection militaire et juridique sous la forme d'une sauvegarde appelée

« *conduit* ». Au fil du temps, ces conduits s'enrichissent de clauses supplémentaires ; certains risques peuvent être exclus (telle que la traversée de région en guerre, la nuit).

De facultatif, le contrat devient obligatoire ; le seigneur y voit une source de recettes. Pour percevoir ce conduit, le seigneur érige des péages, alors que le risque du transport s'est réduit. Cela donne naissance à d'autres formes d'assurance.

Apparaîtront alors le contrat de commende, la commission… Quant aux marchands, issus d'Etats étrangers, ils réclament que leurs litiges soient soumis à un droit commun, faute de quoi leurs contentieux seraient complexes. Ce droit que recherchent les commerçants et les grands souverains (empereur germanique, Pape, roi de France), on le trouve dans le droit romain et particulièrement dans le Digeste (code de droit issu d'une compilation décidée par l'empereur d'Orient Justinien au VIe siècle). Très élaboré, ce Digeste apporte des nouveautés : la vente romaine, le mandat, les différentes formes de sociétés. Les juristes de l'époque le commentent ; il est étudié dans les facultés de droit (exception faite de Paris).

Quant aux foires, elles sont également des sources de droit : les praticiens rédigent des traités de droit : ce sont des recueils de coutumes des foires, où chacune d'elles possède ses propres règles. L'ouvrage le plus connu est *Les coutumes, styles et usages des foires de Champagne et de Brie*. Il existe aussi la *rote de Gênes*, compilation de sentences rendues par le tribunal de commerce de cette ville. Dans le même ordre d'idées, se répandent des ouvrages de droit maritime, comme le *Consulat de la Mer* (qui repose sur la jurisprudence du tribunal maritime de Barcelone) ou les *Rôles d'Oléron*.

B. Une procédure adaptée aux besoins du commerce

Les tribunaux des foires mettent en œuvre une procédure sommaire, car les foires sont avant tout provisoires, et les litiges ne doivent pas traîner.

Dans cet esprit, la procédure est rapide : les parties ne peuvent décliner la compétence du tribunal et les preuves sont présentées dans des délais très courts. La preuve privilégiée est celle du témoin, du serment, ou des pièces écrites. En particulier, les pièces estampillées du sceau de la foire sont considérées comme parfaites et font foi en justice. Si le demandeur craint la fuite du débiteur, il peut exiger son incarcération préventive, à la condition toutefois qu'il en supporte les frais. Cette voie d'exécution est fréquemment employée, puisqu'il s'agit en pratique du seul moyen réellement efficace pour contraindre les débiteurs à assister à l'instance.

Une fois le jugement rendu, reste encore à en assurer l'exécution. Elle est instantanée et elle pose alors certaines difficultés. Dans l'hypothèse où le débiteur ne peut exécuter toutes ses obligations, parce qu'il est insolvable ou que ses marchandises sont inférieures à ses dettes, on fait usage d'un moyen de contrainte plus solide : la « *défense de foires* ». La « *défense de foires* » consiste à interdire tout accès aux foires aux débiteurs frappés de cette peine. La peine vise à obliger la personne condamnée à payer ses dettes, faute de quoi elle doit changer d'activité ou prendre un autre nom. Parfois, on invoque des peines solidaires à l'égard d'une nationalité. Si des marchands de la même nationalité que le fugitif sont présents à une foire, ils peuvent être incités à régler la dette de leur compatriote sur leurs propres biens. À défaut, la réputation de ces marchands est entachée ; c'est une forme de solidarité de corps.

Quand le créancier détient un titre revêtu du sceau de la foire - le plus souvent un contrat - et que le débiteur s'est enfui, il peut obtenir un mandat d'exécution appelé « *lettres de foire* ». Celles-ci sont adressées par le créancier à la juridiction de droit commun du domicile du débiteur, qui doit contraindre le débiteur à s'exécuter, soit sur ses biens, soit sur sa personne.

Chapitre 3 Le moyen : l'émergence des banquiers et d'outils de paiement

Fiche 10 Capitaux et banquiers au Moyen Âge
Fiche 11 Un moyen de paiement révolutionnaire : la lettre de change

Le système médiéval connaît un essor par la rénovation profonde du monde des affaires. D'abord, émerge l'embryon d'un système de crédit constitué par les banquiers, qui offrent une foule de services ; ensuite, les juristes italiens contribuent à l'émergence d'un moyen de paiement moderne, rapide et qui permet de se passer de monnaie métallique, la lettre de change.

Fiche 10 CAPITAUX ET BANQUIERS AU MOYEN ÂGE

On envisagera d'abord la transformation des changeurs en banques de crédit (I), puis la création de compagnies destinées à accompagner l'élan suscité par les banques de crédit (II). La bourse et le mont-de-piété vont accompagner cet essor du crédit (III).

I. De l'usure à la banque de crédit
A. Le banquier : changeur et dispensateur de crédit

Le recours à l'usure constitue l'un des piliers des banques. En effet, tant qu'il est licite de la pratiquer – avec les restrictions que l'on connaît -, alors les établissements bancaires peuvent prospérer car là où il y a capitalisme, il y a demande et nécessité de crédit.

Les banques vivent aussi du change des monnaies. Or, si l'on prend en compte le nombre de monnaies existantes, il y a le choix puisque tout État ou grande ville peut battre monnaie (il existe 884 institutions d'émission en France au VIIe siècle). Aussi, lors du paiement, la présence du changeur est nécessaire : il vérifie que la monnaie du débiteur est conforme : poids, quantité de métal fin confirmée, authenticité. En l'absence de billets de banque dont on se méfie, le changeur apporte son expertise aux transactions. Dès le XIIe siècle, l'essor des mines d'argent (Allemagne, Sardaigne…) permet d'améliorer la circulation des monnaies en Europe. On les retrouve vers Venise, cité qui devient alors l'un des pivots de la finance européenne. La cité construit un bâtiment dédié aux marchands allemands (le *Fondaco dei Tedeschi*). Ainsi, les changeurs sont une corporation puissante ; ils appartiennent aux six corps des marchands. À Paris, ils sont placés sur le pont au Change (détruit en 1787).

Tous les lieux commerciaux d'importance disposent d'un changeur. Le changeur dispose d'un banc (avec poids et mesures pour peser les monnaies, ouvrages de référence) et donnera son nom au banquier. Un florentin, Pegolotti, s'intéresse aux monnaies et à la pratique des affaires, *Pratica della mercatura* (1340).

B. Le banquier est aussi dépositaire

De fil en aiguille, le changeur sert aussi de dépositaire : il dispose de coffre-fort apte à conserver des fonds. Ensuite, les fonds déposés sur son compte sont transférés sur un compte ouvert chez lui au profit d'un autre particulier. Le changeur se contente d'exécuter les opérations commerciales décidées entre marchands dans le cadre de leurs affaires. Mais cette activité de dépôt n'a qu'un attrait limité. Très vite, le banquier s'aperçoit qu'une faible partie seulement des fonds est active, tandis qu'une autre partie est inactive. Aussi commence-t-il à prendre des risques en en investissant une part dans le commerce et en la prêtant à ceux qui le lui demandent : sa banque devient alors une banque de crédit.

Du point de vue technique, les banques adoptent une comptabilité en partie double, ce qui leur permet de distinguer facilement ce qui sort de ce qui entre dans leurs comptes. Désormais, les banquiers peuvent envisager la création de sociétés dites « *compagnies* », forts du développement de leurs affaires.

II. La création de sociétés commerciales par les banquiers

A. Généralités

Le Bas Moyen Âge (XI^c-XV^c siècle) est un âge d'or de l'Occident ; avec lui, réapparaît le commerce international. Encore faut-il disposer des structures juridiques nécessaires pour assurer des transferts internationaux de capitaux.

Dans un premier temps, la société commerciale prend le statut de *commenda*, qui est le modèle de la commandite simple, déjà connue sous l'Antiquité. Dans un tel schéma, l'intérêt consiste à partager les capitaux, à les grouper dans une société à plusieurs associés et de les utiliser dans une affaire spécifique en les confiant à des gérants appelés commandités.

Ces sociétés apparaissent au XIe siècle dans la république de Venise, où elles servent à financer des affrètements maritimes et le risque de perte (cargaison, bateau). Le plus souvent, la *commenda* (appelée *colleganza* à Venise) ne sert qu'à une cargaison déterminée, de sorte que chaque voyage rend nécessaire la constitution d'une nouvelle société. Dans ce système, un financier confie un capital à un marchand et, au retour du navire, le financier se voit restitué le capital prêté tandis que les profits réalisés sont partagés ainsi : ¾ au financier, ¼ au marchand (le système du *bilaterale* est aussi connue : le bailleur fournit les 2/3 du capital et le marchand 1/3 ; les profits réalisés sont partagés par moitié.

Dans un second temps, ces *commenda* deviennent permanentes ; les romanistes les qualifient de « *sociétés de mer* ». Elles restent avant tout des sociétés de personnes et regroupent un nombre limité d'associés. Dès lors, il faut passer à un second stade pour que ces sociétés soient aptes à financer des expéditions maritimes toujours plus lointaines et plus coûteuses.

Ce second stade fait intervenir la compagnie, et, ce faisant, la société passe d'un objet limité (l'affrètement d'une cargaison précise sur un trajet précis) à un autre plus large et moins temporaire – le contrat de société est conclu pour une durée d'un à quatre ans. Elles prennent le nom de sociétés de terre et en italien, on les appelle les *compagnia*. Leur intérêt consiste à associer des capitaux bien plus importants et les associés voient leurs parts divisées en parts sociales. Néanmoins, ces parts restent incessibles et ne peuvent se transmettre. Si leur durée de vie est supérieure à dix ans, ces sociétés auront deux activités : l'une de négoce, l'autre de crédit.

B. Des investissements qui restent prudents

La banque reste confrontée à trois menaces : le risque d'impayé, l'erreur de gestion de ses dirigeants, le défaut de confiance des épargnants qui retirent soudainement leurs dépôts. Quant aux investissements réalisés, les financiers vénitiens investissent dans de petites sociétés afin de diviser les risques encourus.

Depuis Venise, ce mouvement d'essor des compagnies se déplace bientôt vers l'Italie du Nord et notamment Florence. Cette cité devient l'une des plaques tournantes de l'espace bancaire européen ; les sociétés reposent sur des familles de commerçants ; au besoin, elles acceptent des membres extérieurs à la condition qu'ils apportent ou du crédit, ou des clients, ou la bonne connaissance d'un milieu économique. En principe, on borne la durée de la société à 4 ans reconductibles ; le bénéfice n'est distribué qu'à l'issue de ce terme.

Quant au fonctionnement, les associés apportent un capital qui sert à démarrer l'affaire. Pour le reste, les familles appellent des particuliers à apporter des fonds que la société, en échange, s'engage à rémunérer à un taux d'intérêt intéressant (8%). La proportion est de dix fois de l'un à l'autre, de sorte que ses sociétés sont souvent fragiles et qu'une mauvaise affaire peut les faire chuter.

Les Italiens sont très nombreux dans les établissements bancaires du bas Moyen Âge ; ils établissent des filiales dans les grandes villes européennes. Parmi eux, les Bardi et les Peruzzi. Néanmoins, les banquiers subissent de plein fouet la hausse de la fiscalité, en Angleterre comme en France aux débuts du XIVe siècle. Plusieurs établissements sont alors mis en faillite, ne pouvant sans cesse payer les « *dons* » que les souverains exigeaient d'eux.

III. Bourse et mont-de-piété

La restriction de l'accès au crédit pénalise les emprunteurs éventuels ; particuliers, entreprises et commerçants vont donc susciter des besoins de financement, que les mécanismes traditionnels ne permettent pas de satisfaire. Deux mécanismes vont y répondre : la bourse et le mont-de-piété.

A. Naissance de la bourse
1. Emergence d'un centre d'échange de titres

C'est au XIIIe siècle que les banquiers lombards, réputés dans le maniement de fonds en Italie du nord, créent des structures où des titres sont cotés et sont échangeables. Gênes, Florence ou Venise deviennent des centres d'affaires dans lesquels des financiers achètent, prêtent ou échangent des titres ; un système de crédit international, donc ouvert vers l'extérieur, émerge. Il profite aussi bien aux particuliers, aux entreprises privées qu'aux États, désireux de trouver des sources de financement.

Ce système de cotation est ensuite repris en Flandres, où une famille, les Van der Borsen, fait de son hôtel particulier de Bruges un centre financier. Le mot « *bourse* » est donc né au XVe siècle.

2. Son développement

Après Bruges d'autres marchands flamands étendent le système en Europe du Nord ; la France est aussi touchée au XVIe siècle, quand un centre commercial et industriel de première importance, Lyon, créé à son tour une bourse spécifiquement destinée aux contacts financiers.

Les Pays-Bas, spécialisés dans le commerce international, suscitent eux aussi une bourse. Ses marchands disposent d'un centre financier réputé, d'autant que les besoins en crédit sont immenses ; les grandes sociétés du pays – telle que la Compagnie des Indes appelée VOC, en 1602 - se développent rapidement avec de nombreuses liaisons maritimes, notamment vers l'Amérique du Nord et l'Asie. Les Anglais les imitent et font de Londres un centre financier international de premier plan (fin du XVIIe siècle). On y négocie des titres (obligations d'Etat ou d'entreprises privées, parts de sociétés), mais aussi des matières premières…

À son tour, après la chute de l'expérience de Law, la France créé une bourse dans un quartier spécifique de Paris (1724). Négociants, marchands ou particuliers peuvent y faire des affaires, trouver des fonds… 60 agents de change, très contrôlés par l'État (ils sont des possesseurs d'un office), disposent du monopole des échanges boursiers à Paris.

Plus tard, le code de commerce (dans son livre I, en 1808) y consacre quelques dispositions.

B. L'émergence du mont-de-piété
1. Ses débuts

Devant l'aggravation de la situation des emprunteurs modestes, contraints de recourir à l'usure pour trouver des fonds, l'Église s'efforce de trouver une solution. Celle-ci consiste dans l'émergence d'établissements de crédits dans le giron du clergé. Il s'agit du système dit du prêt sur gage : un établissement appelé mont-de-piété offre un crédit modéré à court terme (généralement inférieur à un an), en échange de la remise d'un objet meuble (bijoux, objet d'art…). Le montant des fonds prêtés dépend de l'estimation du bien gagé. A l'échéance du crédit, si l'emprunteur ne restitue pas les fonds prêtés, l'objet gagé est mis en vente (aux enchères) et le surplus du prix va à l'emprunteur. C'est surtout en Italie que ce système de crédit essaime ; on le trouve aussi en Lorraine (un établissement est autorisé par le duc à Nancy en 1599).

L'ordre des Franciscains aurait été le précurseur dans ce domaine, avec une apparition au XVe siècle à Pérouse (1462), par le moine franciscain Carcano. L'institution est déclarée conforme aux saintes écritures par le pape Léon X, dans sa bulle *Inter multiplices* (1515).

2. Ses suites en France

La France introduit le système du mont-de-piété en 1777, avec la création du Crédit municipal de Paris (1777). L'établissement est réactivé par Napoléon (1804) ; il est étroitement surveillé par la Banque de France pour éviter les escroqueries (recel de biens volés…). Le système est ouvert à tous ceux qui désirent des prêts à court terme, qu'ils soient particuliers ou bien commerçants. En général, le taux d'intérêt exigé, qui tint compte du risque d'impayé, s'élève à 15% l'an, mais descendra de près de moitié dans le cours du XIXe siècle. Pour financer les prêts avancés aux emprunteurs, le mont-de-piété doit lever des fonds auprès de particuliers, rémunérés en conséquence.

Plus tard, ce système perdure et prend le nom, dans les centres urbains français, de crédit municipal (Paris, Nancy…). Pour éviter des fraudes ou leur mauvaise gestion, l'État surveille de près de tels établissements (faillite retentissante du Crédit municipal de Bayonne avec l'escroc Stavisky, 1933-1934, ce qui suscite une violente crise politique en France).

Depuis ce moment, les pouvoirs publics sont très vigilants sur les appels à l'épargne, afin de protéger le petit épargnant d'escroqueries.

Fiche 11 Un moyen de paiement revolutionnaire : la lettre de change

C'est un moyen de paiement judicieux qui favorise les échanges commerciaux et le développement des sociétés commerciales. On évoquera sa naissance (I), puis ses fonctions de change et de paiement (II).

I. Sa naissance
A. Des circonstances italiennes

C'est dans un établissement bancaire situé à Gênes, en Italie du Nord, que naît le système de la lettre de change au XIIe siècle. Elle répond aux besoins qu'avaient les négociants de disposer d'un moyen de paiement à la fois fiable et sécurisé pour leurs affaires commerciales. Ce faisant, les marchands recouraient aux notaires pour valider leurs contrats, car il leur fallait une preuve authentique et les parties ne savaient pas souvent écrire. Si, à l'origine, de tels actes étaient passés dans les foires, ils le sont ensuite dans les villes qui deviennent des centres d'affaires prépondérants.

Aussi le marchand prend–il l'habitude d'expédier deux documents en même temps : d'une part l'acte notarié ; d'autre part, une lettre d'explications qui est adressée au commis ou à l'expéditeur. Afin de limiter les frais et la lourdeur des dossiers commerciaux, on retire souvent l'acte notarié. Dès lors, les marchands prennent le pas sur les notaires dans la société médiévale et, de ce fait, on leur fait plus confiance qu'envers ces professionnels du droit.

En d'autres termes, on se contente désormais de la lettre d'accompagnement qui prend le statut d'un acte sous seing privé, revêtu des signatures des cocontractants.

B. Le contenu de la lettre

Il comprend des caractéristiques modernes en revêtant des indications : qualité du montant concerné et sa monnaie, clause de valeur fournie (« *je donne pour avoir reçu telle somme* »), date et lieu d'émission, délai de paiement ordonné et lieu, noms des parties. Parfois, la lettre débute par une référence religieuse « *Au nom de Dieu* ». La lettre est écrite en deux exemplaires et chaque exemplaire est numéroté (« *payez par cette première lettre de change* »).

La somme est portée deux fois : d'abord en chiffres romains ou arabes, puis en lettres. Ce doublon s'explique pour une meilleure sûreté, c'est-à-dire pour éviter l'altération éventuelle de l'acte. Deux lieux sont exigés pour respecter la référence au droit canon qui exige que l'acte soit le reflet d'une opération de place à place. Autrement, elle serait contraire à la dispense du prêt à intérêt et donc pénalement répréhensible.

Après ces mentions, la lettre doit être acceptée par le banquier du débiteur et on se réfère au délai de paiement. Ce délai varie en fonction des usages locaux, variables de place à place (30 jours le plus souvent). La lettre permet de surseoir au paiement et d'obtenir un crédit, généralement à court terme (moins d'un an).

Dans l'hypothèse où le banquier C refuse d'accepter la lettre, le bénéficiaire doit alors indiquer « *sous protêt* », ce qui signifie « *dresser protêt* ». Dès lors, la protestation s'effectue devant notaire et le bénéficiaire/donneur A/D peut commencer une procédure judiciaire contre le tiré B, émetteur de la lettre.

II. Ses fonctions de change et de paiement
A. La fonction de change

Acte sous seing privé, la lettre de change joue un rôle de preuve et d'existence du contrat d'obligation et de change. Dès lors, les marchands recourent à elle, car elle facilite les transactions, permet le change et contourne la prohibition du prêt à intérêt.

Cependant, deux conditions doivent être remplies : la première consiste dans le service rendu aux marchands par l'opération de change de monnaies, opération avec un créancier et un débiteur. La seconde condition est la différence de place : l'acte doit comporter une distance de lieu. La définition de la lettre de change est donc d'être « *une convention par laquelle quelqu'un fournit une somme d'argent à quelqu'un d'autre et reçoit en échange un engagement payable à terme mis en un autre lieu et en une autre monnaie* ».

Dans ce système, celui qui avance les fonds en espèces est appelé le donneur et habite la ville de A ; tandis que le preneur est celui qui les reçoit et qui, en échange, émet la lettre de change depuis la ville de B, lettre qui sera payée par un troisième tiers désigné comme le débiteur du preneur, le plus souvent un banquier ou un correspondant. Dès lors, ce troisième tiers dit payeur aura l'obligation de payer la somme indiquée dans la lettre au profit du donneur. Celui-ci, une fois reçue la lettre, la confie pour encaissement à un quatrième particulier appelé bénéficiaire. On trouve donc quatre personnes dans ce circuit.

B. Les intérêts de la lettre comme papier-monnaie

Considérée à la fois comme un moyen de paiement et un titre de crédit, la lettre de change s'apparente aussi à une reconnaissance de dette. Elle permet de percevoir des intérêts en toute légalité par les différents services qu'elle offre aux parties : change, délai de paiement… Elle évite aussi la manipulation de monnaie métallique (or, argent, cuivre…) encombrante et peu discrète ; la lettre peut donc passer de mains en mains par le jeu d'une cession de créance.

Aussi la lettre de change va-t-elle être détournée de sa fonction initiale pour devenir un prêt déguisé. Le plus souvent, on prête dans une ville et on demande à l'emprunteur de rembourser la somme dans une ville voisine : il y a service effectif, de sorte que le prêt inclut des intérêts.

C. L'endossement

Envisagée comme une créance, la lettre peut être cédée par son possesseur ; celui-ci peut donc la céder à l'un de ses créanciers. Quand elle fait l'objet d'une cession, la lettre au verso indiquera qu'elle a été cédée de A à B avec les signatures des personnes concernées. L'endossement n'est pas limité. En revanche, bien plus tard, le chèque civil interdit l'endossement - il est barré.

PARTIE III.
L'AFFIRMATION DU DROIT DES AFFAIRES DANS L'ANCIEN RÉGIME

Chapitre 1 Mercantilisme et physiocratie
Fiche 12 L'œuvre de Colbert
Fiche 13 L'ordonnance du commerce (1673)
Fiche 14 Le système de Law (1715-1720)
Fiche 15 Les physiocrates (1759-1789)
Fiche 16 La représentation du commerce

Chapitre 2 Les juridictions consulaires
Fiche 17 Leur création et leur développement
Fiche 18 Leur fonctionnement original

Chapitre 3 Sociétés de commerce et faillite/banqueroute
Fiche 19 La typologie des sociétés de commerce
Fiche 20 Les difficultés des entreprises : faillite/banqueroute

Avec la Renaissance, l'activité économique européenne reste foncièrement agricole et le restera encore longtemps. Ce faisant, la société occidentale connaît une évolution sensible, avec le développement encore timide de l'industrie et du commerce. Certes, ces deux secteurs restent encore modestes, mais leur rôle, leur formidable création de richesses, incite les états à les soutenir et à encourager leur développement. On estime, alors qu'un grand État doit reposer sur une solide industrie. Mais le problème majeur, c'est que l'Europe ne fabrique qu'une quantité limitée d'or (4 tonnes par an en 1400) et que l'or en circulation en Europe diminue par la thésaurisation, l'usure des pièces, leur perte. Par conséquent, les Européens se disputent une quantité limitée ; ils ne peuvent accroître la quantité qu'ils possèdent que soit par la guerre, soit par le commerce et la concurrence économique. Mais un élément nouveau intervient : l'importation de l'or du Nouveau Monde va irriguer les économies européennes et accroître l'or en circulation. Cette importation permet durant plusieurs siècles d'importer Europe de l'or et de l'argent, donc d'insuffler une hausse du niveau de vie moyen.

Rappelons que c'est l'afflux d'or qui incite les Européens à délaisser progressivement l'activité agricole pour se lancer dans les affaires commerciales et industrielles. Pour résumer, en effet, ce que l'Europe ne possède pas (de l'épargne et du métal précieux pour alimenter son circuit monétaire), l'étranger le lui donnera. Il va donc se produire un formidable mouvement d'accumulation d'or qui va irriguer l'économie occidentale. Ensuite, c'est la mise en place d'un système moderne de crédit qui alimentera la prospérité occidentale et son corollaire, c'est-à-dire son niveau de vie et son confort. Le droit des affaires va donc devoir s'adapter à cette formidable course à l'effort, au travail et au progrès.

Autrefois entré en déclin, l'Occident élabore les moyens de son redressement économique. Celui-ci se traduit par une hausse constante du niveau de vie et de l'espérance de vie, une appropriation du progrès technique, une maîtrise progressive du monde et des moyens de communication. En résumé, deux phénomènes jouent un rôle fondamental dans ce domaine, à commencer par les explorations – puis les découvertes scientifiques.

Reste, cependant, le défi qui consiste à améliorer son degré de connaissance, à drainer les capitaux vers l'industrie et à ce que les pouvoirs publics créent les conditions favorables aux affaires. Ainsi, la lutte vers les débouchés commerciaux entre les états, la violente concurrence entre les puissances européennes seront les grands enjeux des XVIIe et XVIIIe siècles. Après le déclin de l'Espagne, trois puissances entrent en conflit pour assoir leur domination ; ce sera le sens du conflit qui déchirera la France et l'Angleterre.

Fiche 12 L'ŒUVRE DE COLBERT

Rarement un homme n'a suscité autant de débat que Colbert (1619-1683). Issu d'une famille de commerçants champenois (drapiers), Jean-Baptiste Colbert a débuté très tôt son apprentissage professionnel dans le monde de l'échoppe. Il suit son oncle Pussort au service du roi et entre au contrôle-général des finances comme adjoint de Fouquet, alors surintendant-général de finances. En 1659, l'arrestation, la condamnation de ce dernier mettent Colbert sur le devant de la scène ; il devient contrôleur-général des finances et reçoit la confiance du roi en recevant deux autres départements ministériels (Marine, Maison du roi), outre la direction des bâtiments du roi. Il se fait l'apôtre du mercantilisme (I) ; ses moyens d'action méritent d'être présentés (II).

I. Présentation et définition du mercantilisme
A. Définition

Le mercantilisme consiste dans une doctrine économique qui influence la politique de l'État à l'égard du commerce et des affaires. Il est parfois appelé « *bullionisme* » (« *lingot* » en anglais). L'idée est que chaque état doit accumuler son stock de métal précieux, ce qui lui permet d'accroître sa puissance financière et commerciale. La puissance d'une nation reposerait sur l'or et l'argent qu'elle détient ; plus ce stock est élevé, plus la nation est considérée comme développée. Par conséquent, les hommes politiques qui s'inspirent de cette doctrine recherchent l'accumulation de métal précieux. Or, une nation qui importe les produits qu'elle consomme doit nécessairement trouver les moyens de les payer, faute de quoi elle se trouve tôt ou tard en défaut de paiement. Et, depuis Richelieu et Sully, les pouvoirs publics s'inquiètent des sorties de numéraire vers l'étranger, car la France - et plus particulièrement grande bourgeoisie et haute noblesse – se fournit aux Pays-Bas ou en Angleterre pour ses besoins :

tissus, dentelle, draps, tapis de choix, ... Surtout, le rang social des particuliers en France dépend beaucoup de leur apparence vestimentaire ; il existe donc des « *codes* » d'élégance de la bonne société et chaque profession dispose alors de son costume attitré et de ses atours. Par conséquent, ces produits de valeur importés de l'étranger conduisent à une diminution du stock de métal précieux, que ne compensent pas les exportations agricoles. D'où le développement d'une industrie nationale.

B. La victoire d'une idée et d'un personnage

On lui doit la remise en ordre des finances publiques ; il s'efforce d'équilibrer le budget en diminuant les impôts les plus lourds sur les gens modestes. Dans le même sens, il accroît les recettes et fait la chasse aux exemptions indues et aux tricheries. En 1663-1670, c'est l'équilibre, et le budget est même excédentaire.

Du point de vue économique, Colbert appartient aux mercantilistes : selon lui, l'objet du pouvoir, en France, consiste dans l'accroissement de la richesse moyenne par habitant ; autrement dit, le pouvoir d'achat doit s'élever. Son ambition s'appuie sur la notion de domination, de puissance : la France dispose des moyens utiles pour être la première puissance économique du monde. Toute sa vie, il travaille dans ce sens. Mais encore, Colbert veut que l'industrie française satisfasse la demande intérieure, notamment en produits de luxe qui coûtent cher (textile, miroirs…) et entraînent l'exportation de monnaies d'or et d'argent vers l'étranger. Il faut donc redresser le commerce extérieur et le rendre excédentaire.

Pour que l'État soit puissant, il faut intéresser le citoyen et changer les mentalités françaises à l'égard de l'argent. Selon lui, l'un ne va pas sans l'autre. Quoique bon catholique, il a un rapport différent à l'argent.

II. Ses moyens d'action
A. L'œuvre de Colbert

Avant d'exposer les divers moyens d'action pour parvenir à une économie mercantile, il faut souligner qu'avant toute chose, la position des pouvoirs publics est essentielle. C'est en effet à eux qu'il revient de modifier les conditions d'exercice des affaires, faute de quoi les acteurs du commerce et de l'industrie n'auraient pas les moyens nécessaires pour parvenir aux fins recherchées.

Pour accroître le stock de métal précieux, l'accent doit être mis sur les produits manufacturés et sur le luxe. Leur valeur ajoutée est bien plus élevée que les produits primaires, agricoles, qui ne font pas l'objet de transformations et dont le prix a tendance à baisser depuis longtemps.

Second élément, on attend de l'industrie qu'elle emploie la main-d'œuvre, et qu'elle lui offre des salaires élevés, de sorte que la composition de la population se trouve modifiée : les laboureurs ou ouvriers agricoles se transformeraient en classes moyennes d'employés et de cadres, de petits artisans et de petits patrons. Cette classe moyenne a des besoins qu'elle désire satisfaire, et la demande intérieure fournirait des débouchés aux industries nationales.

Le rôle des pouvoirs publics est primordial. Il consiste :

1° à établir des barrières douanières aux frontières, ce qui renchérit le coût des produits étrangers en les frappant de droits élevés. Des listes de produits étrangers sont constituées avec l'aide des industriels nationaux.

2° à soutenir l'industrie française, au besoin par des commandes publiques même plus chères que des importations étrangères, la différence étant prise en charge par le contribuable français ;

3° à créer de grandes compagnies commerciales, terrestres ou maritimes, compagnies soutenues par l'État. Dans cette perspective, des sociétés par actions sont privilégiées et les hauts fonctionnaires sont incités à participer aux levées d'actions, à devenir actionnaires et à prendre des risques. Ainsi naît le « *mercantilisme d'État* », que certains appelleront le « *colbertisme* ».

B. Colbert : la « *régulation économique à la française* »

Elle repose sur une vision ambitieuse d'un État qui se donne les moyens d'encourager la puissance. Plusieurs piliers en sont les éléments.

1. L'impulsion étatique du développement des infrastructures

On doit à Colbert une politique de grands travaux publics destinés à améliorer la circulation des personnes et des biens. Il s'agit de rendre moins cher le déplacement des marchandises et des personnes au sein du territoire, donc de réduire la part du coût du transport dans le prix de vente final d'un bien. Moins le trajet est long et coûteux, plus il existe des gains qui abonderont le système économique. Le développement des infrastructures est donc considéré comme un enjeu national. Cette politique est soutenue par les pouvoirs publics : le contribuable participe financièrement à l'amélioration des réseaux de transport. Au milieu du 18e siècle, l'État consacre 8 millions de livres annuelles au seul réseau routier (1,5% du budget).

Pour les faciliter, des canaux navigables sont lancés (ex le canal du Languedoc, qui relie Toulouse à la Méditerranée) ; de nouvelles routes sûres sont construites et entretenues ; des ports aménagés pour les importations-exportations, des arsenaux de la marine. Mieux encore, Colbert lance une politique maritime ambitieuse : il fait édifier des forêts plantées d'arbres robustes destinés à la construction navale ; crée des écoles d'officiers de marine et lance une politique de colonie active. En clair, pour que la France se développe et exporte, elle doit au préalable conquérir la mer et cesser de croire à la toute-puissance de l'agriculture. Cette politique est liée au développement des compagnies de manufacture et de commerce maritime, dont la Compagnie des Indes.

2. Une stratégie d'encouragement à l'innovation

En 1663, le pouvoir modifie le droit de la propriété industrielle. En conséquence, l'innovation est célébrée comme l'un des éléments majeurs de la modernité économique. Comment agir pour inciter les Français à se transformer en savants, en ingénieurs, à industrialiser leurs découvertes ? Le soutien est double : d'abord, l'Académie royale des sciences teste les inventions pour lesquelles des particuliers réclament une protection juridique. Si le test réussit, l'État délivre une lettre de privilège au demandeur qui protège l'invention sur un territoire déterminé et pendant une époque limitée (généralement 10 à 12 ans). Durant ce délai de protection, l'inventeur peut amortir les frais supportés pour développer ses recherches.

Ensuite, le pouvoir met à la mode les découvertes industrielles et techniques : le roi les valorise et se fait la promotion du savoir–faire (ex Vaucanson et ses automates ou machines-outils industrielles). Colbert développe aussi le corps des inspecteurs des manufactures, dont la mission est double : surveiller la qualité et le standard de fabrication des produits « *Made in France* » ; en second lieu, espionner les développements techniques et industriels à l'étranger. Il s'agit de mettre sur pied un système d'espionnage économique. Pour ce faire, débauchage d'ouvriers spécialisés transférés en France, plans de machines volés, ingénieurs soudoyés, examen des techniques étrangères, tous les moyens sont bons pour se mettre au diapason de la technique et faire avancer l'idée de progrès en France.

Cette tradition de soutien à l'innovation perdure au XVIIIe siècle : sous Louis XVI, trois inventions apparaissent, parmi d'autres : la montgolfière, la pomme de terre, la machine à vapeur pour tracter les canons d'artillerie. Au besoin, les savants sont pourvus de pensions sur l'État. En tout cas, la

France développe des écoles ingénieurs réputées : ponts et chaussées, mines... Celles-ci doivent répondre aux besoins des qualifications élevées qu'exigent les grandes entreprises (charbon, sidérurgie...).

3. Le soutien au commerce : protectionnisme, grandes sociétés

Pour ce faire, sont lancées des compagnies maritimes telle que « *Compagnie des Indes* » (orientale ou occidentale). La France s'inspire des modèles de sociétés de l'Europe du Nord : Provinces-Unies (Pays-Bas, la célèbre VOC créée en 1602) ou Angleterre. En dépit de la méfiance des notables à l'encontre des affaires (elles sont risquées et viles), le roi montre l'exemple : il apporte des capitaux pour la formation de sociétés industrielles et commerciales.

Ainsi, lorsqu'est créée la Compagnie des Indes française, Louis XIV apporte 25% du capital et incite les courtisans et les conseillers d'Etat à agir de même. Autre société, celle de Saint-Gobain, qui produit du verre, du miroir, des glaces (et qui existe toujours). Pour Colbert, cette société doit « *procurer au royaume l'utilité du commerce d'Asie et d'empêcher que les Anglais et les Hollandais n'en profitassent seuls comme ils avaient fait jusqu'alors* » (1664).

Mais pour procurer à ces compagnies des débouchés, Colbert leur offre le monopole, ce qui évince la concurrence et contraint les consommateurs à subir le prix de l'entreprise monopolistique.

4. L'encouragement à l'entreprise privée : réforme des interdictions de travail

Dans l'ancienne société française, il existe des préjugés pesant sur le commerce. La société est divisée entre trois ordres, dont les deux premiers (ceux qui prient et ceux qui combattent) sont interdits de toute activité industrielle ou commerciale. Le troisième ordre, le tiers-état, reçoit l'exclusivité des activités économiques et, pour cette raison, devait soutenir les deux autres ordres. Seconde idée, celle qui résulte de l'honneur : tout homme qui se respecte ne manie pas l'argent par lui-même, ni ne touche les métaux ; à l'instar du Romain, il délègue quelque agent pour le faire à sa place. En conséquence de quoi la noblesse ne peut se mêler d'affaires : elle est menacée de dérogeance, donc risque de perdre ses droits et ses privilèges.

Ce système est modifié par Colbert ; dans l'Ordonnance du commerce (1673, cf. fiche 13), il créé deux dérogations légales : le négoce maritime, qui réclame de coûteux capitaux et incite la noblesse à y investir ses avoirs ; le commerce de gros ensuite.

Fiche 13 L'ORDONNANCE DU COMMERCE (1673)

De son intitulé « *Édit du roi servant de règlement pour le commerce des négociants et marchands tant en gros qu'en détail* », ce texte de 1673 modernise le droit français des affaires (I). Il présente une portée remarquable, même s'il a aussi des limites (II).

I. Un texte qui rénove le droit des affaires

A. Le commerçant : un monde pétri d'honnêteté et d'utilité

1. L'honnêteté

Issu du milieu du commerce, Colbert veut changer l'image parfois déplorable de ce monde si particulier. Pour ce faire, est imposée l'obligation aux commerçants de tenir une comptabilité et des registres sociaux. À défaut, ils encourent des sanctions pécuniaires et peuvent se voir interdire d'exercer une activité commerciale. En cas de difficulté, l'absence de livres comptables – ou leur mauvaise tenue – est prise négativement en considération par les juges. Enfin, c'est une activité certes risquée, mais qui permet de s'enrichir honnêtement.

2. L'utilité

Le commerçant répond à une double nécessité : faire circuler les richesses et satisfaire la demande émanant des particuliers et de entreprises. En outre, il s'agit aussi de créer des emplois et de ne pas laisser à des étrangers ce secteur si intéressant. Il incite aussi la noblesse à rejoindre le monde des affaires : elle déroge en effet à l'interdiction de commercer dans deux professions : le commerce de gros et le commerce maritime.

B. Les qualités de l'ordonnance
1. L'unité

Cette ordonnance unifie les règles spécifiques du droit des marchands en France ; il découle d'une démarche générale d'unification du droit français menée sous l'égide de Louis

XIV (en 1667 : ordonnance civile, en 1670 : ordonnance pénale…). Dans l'esprit du Grand Roi, que le législateur parachève l'unité juridique. En effet, le droit qui préexiste à l'Ordonnance est disparate et sans ensemble ; il découle des rencontres de marchands venus d'Italie, de Flandre ou d'Allemagne dans les foires médiévales. S'y ajoute un fonds commun des villes italiennes, de l'École du droit romain de Bartole (célèbre jurisconsulte italien du XIVe siècle), des recueils d'usage et de jurisprudence. Ce droit est mouvant et hétérogène ; il manque de clarté et n'offre guère de sécurité juridique. Les textes intéressant le droit des affaires étant « *discordants* », il faut retrouver la clarté nécessaire.

2. La modernité

Le texte démontre que l'État monarchique ne se spécialise plus seulement dans le droit public du royaume, mais qu'il commence à se préoccuper du droit privé en général, plus spécialement du droit des affaires. Colbert comprend qu'une grande nation doit offrir un environnement juridique satisfaisant à ses entreprises et à ses commerçants. En effet, pointe déjà une farouche lutte entre sociétés européennes pour le contrôle des marchés intérieurs et extérieurs. Or, dans cette compétition, on considère que les Hollandais et les Anglais ont quelques longueurs d'avance. Soit la France tente de rattraper son retard, soit elle se laisse distancer.

Le plan du texte s'articule sur 12 titres (122 articles), chacun étant consacré à un thème précis : on y trouve les personnes qui s'adonnent au commerce (marchands et agents de change, objets des titres I et II) ; les livres de commerce pour la comptabilité et la tenue des comptes sociaux (t. III) ; les diverses formes de sociétés (t. IV) ; le change (t. V-VI) ; les faillites et banqueroutes (t. VII-XI) ; les juridictions consulaires (t. XII).

3. La rationalité

Parmi les rédacteurs, on trouve des conseillers d'État et des maîtres des requêtes, des avocats spécialisés dans le droit des affaires, et des gens d'affaires tel Jacques Savary, marchand réputé, qui est désigné en qualité de rapporteur. Dans son esprit, il fallait non pas innover, mais apporter de l'unité et de la cohérence, réduire les abus et limiter le contentieux des affaires. Peu après la promulgation de l'Ordonnance, Savary publie son commentaire, amené à connaître un succès d'édition (Le *Parfait négociant*).

II. Portée et limites du texte
A. Sa portée
Bien reçu dans le monde des commerçants, reproduit en Angleterre et aux Pays-Bas, le texte introduit des règles communes dans les milieux français des affaires. La guerre économique qui oppose l'Angleterre et les Pays-Bas à la France conduit à une succession de conflits armés (de 1672 à 1713). La puissance des états découle de leur force économique, pas seulement militaire, elle en est le complément. Le texte, modifié à plusieurs reprises, est appliqué jusqu'à la Révolution française.

B. Ses limites
1. Trois limites
Si l'on envisage ses limites, elles sont de trois ordres : en premier lieu, l'ordonnance fige le droit des affaires (c'est le problème de toute codification) parce qu'aucune autre codification n'est entreprise avant un long écoulement du temps. Ensuite, l'Ordonnance reste discrète sur certains aspects du droit des affaires : les sociétés, le crédit, le fonds de commerce, et la commission y sont à peine ébauchés. Enfin, surviennent des difficultés d'application pour la publicité légale (cf. fiche 27) et la compétence des juridictions consulaires.

2. L'échec du projet de réforme de l'ordonnance

Dans l'espoir de combler les lacunes du texte, on recourt aux doctrines marchandes italiennes, voire aux statuts des villes d'Italie. À la veille de la Révolution, le gouvernement français crée une commission de juristes destinée à actualiser l'ordonnance (ce sont les Montaran père et fils, Tolozan, trois intendants du commerce) ; ces juristes travaillent avec des négociants (tel Gorneau) et des députés du commerce. Un avant-projet de texte est bientôt prêt, fruit d'une réforme conduite par le garde des sceaux Miromesnil (1781). Mais le parlement de Paris, auquel le projet a été envoyé, ne se prononce pas et, en 1789, le texte est comme suspendu. Il faudra attendre le Premier Empire pour voit aboutir un projet de nouveau code (1807).

Projet ambitieux et bien mené, l'ordonnance du commerce s'est ensuivie d'un texte qui relevait du droit de la mer : c'est l'ordonnance de la marine qui permet de codifier les règles de droit dans ce domaine (1681). Plus tard, sous le Premier Empire, ces deux textes fusionnent en un seul, sous le nom de Code du commerce (1807).

Fiche 14 LE SYSTEME DE LAW (1715-1720)

En 1715, le décès de Louis XIV signe la fin d'une époque. La France sort d'une longue période de guerres (1668 à 1713) et est épuisée. L'épargne et la monnaie sont en crise – dévaluées –, les finances publiques sont en mauvais état, le commerce est dans un état d'épuisement car le crédit est rare. Pour se relever, le duc d'Orléans, devenu Régent du royaume, fait appel à un étranger pour introduire un système original d'épargne, de crédit et de monnaie dans le royaume. John Law (1671-1729), un financier écossais, spécialiste de questions financières et monétaires, accède aux fonctions de contrôleur-général des finances et change le système financier français (I). Cette expérience, d'abord encourageante, s'achève par le drame d'une spectaculaire banqueroute (II).

I. Le système, une opération originale d'épargne et de crédit

A. Introduire en France un institut d'émission

1. L'exemple vient d'Europe du Nord

Law veut implanter en France un système qui existe dans des pays commerçants d'Europe du Nord et qui y donne d'excellents résultats (Pays-Bas (1609), Suède (1650), Angleterre (1694). La monnaie de ces pays est garantie par un institut d'émission, qui offre aussi des conditions de crédit intéressantes aux marchands.

2. Les missions de la Banque de Law

En créant une Banque qui porte son nom, Law reçoit une autorisation publique d'émettre de la monnaie-papier au nom de l'État français, monnaie qui a cours légal ; il exerce donc un monopôle d'émission. Le privilège qu'il reçoit est de 20 ans. Le papier-rmonnaie émis par la Banque royale substitue un billet de banque aux encombrantes pièces de monnaie. Pour convaincre les sociétés et les commerçants d'accepter ces billets, la banque promet de disposer de réserves d'or suffisantes dans ses coffres, à hauteur de la moitié des billets en circulation ; n'importe quel porteur peut réclamer au guichet le remboursement en or d'un billet.

La seconde mission consiste à offrir deux services : un de dépôt, un d'escompte (fixé à 6% l'an). Ce dernier est avantageux ; il procure un service important à prix modéré, en offrant de la trésorerie aux gens d'affaires.

B. Statuts
1. Apparition

Les statuts sont divulgués dans un texte officiel que sont des lettres patentes en mai 1716 : celles-ci fixent le siège social de la banque (ce sera rue Quincampoix à Paris) et le capital social s'élève à 6 millions de livres : il est la garantie de fonds propres suffisants pour faire des activités de banque. Le capital sera accru à plusieurs reprises, afin d'accompagner le développement de la banque. Les horaires d'ouverture sont fixes, tous les jours (9-12h00, 15-18h00), hormis les dimanches et jours fériés.

La banque tient un registre de compte, sorte de grand livre comptable indiquant les transactions financières passées chaque jour. Pour protéger les billets émis par la banque, l'État soumet les faux-monnayeurs à la sanction de la peine capitale. Pour bien faire, les actionnaires sont exclus du droit d'aubaine et ont un traitement fiscal avantageux.

2. Le fonctionnement de la société

Il est prévu chaque année deux assemblées générales d'actionnaires : elles ont pour but le contrôle des comptes sociaux, l'exposé de l'activité de la société par les dirigeants sociaux, le compte-rendu semestriel par l'inspecteur de son activité. À l'issue de chaque assemblée, les actionnaires présents approuvent les comptes, statuent sur la distribution des profits ou des pertes, élisent ou révoquent les membres du conseil d'administration.

Parmi les actionnaires, on trouve de hautes personnalités (dont des princes du sang : les ducs d'Orléans et de Bourbon, le prince de Conti…). Le régime de parts sociales est spécial : elles ne sont pas soumises à l'impôt, sont insaisissables, échappent au droit d'aubaine.

II. Du succès à la banqueroute
A. Des succès remarquables…

Si l'initiative est diversement reçue – des hauts magistrats y sont violemment hostiles, notamment ceux du parlement de Paris -, l'opinion publique est plus partagée. Les concurrents de la banque installés en France (génois, anglais, hollandais) sont plutôt hostiles, y voyant une concurrence redoutable.

Dans un premier temps, Law s'affiche comme un professionnel éprouvé et ne commet aucune erreur. Survient l'annonce des premiers résultats sociaux, très positifs : la première assemblée générale affiche des bénéfices impressionnants (20 décembre 1716). Elle approuve le versement aux actionnaires d'un dividende de 7,5% pour les 6 premiers mois d'exploitation de la banque (soit 15% de rendement annuel) ; elle abaisse le taux d'escompte – il passe à 4%. L'activité de la banque est estimée à 1 million de livres/jour, ce qui en fait l'une des plus actives sociétés exerçant en France.

Les billets français émis par la banque sont acceptés partout en Europe : la France a rétabli son crédit et ses commerçants disposent enfin de moyens de paiement modernes. Les particuliers sont incités à se lancer dans les affaires, voire à investir dans le capital de sociétés. En peu de temps, les mentalités ont profondément évolué et changé le rapport des Français à l'argent. Ainsi, le droit français interdit la thésaurisation d'or à domicile ; il exige aussi que les impôts soient en partie réglés en billets. On incite les particuliers à confier leur épargne en or à l'établissement.

À ce moment, la banque a émis pour 148 millions de billets ; elle dispose de réserves en or à hauteur de 70 millions de livres – la moitié. Rien ne menace donc l'activité de la société. Mais le système va être fragilisé par plusieurs phénomènes simultanés.

B. ... Puis la banqueroute
1. Les risques du système

Le système est bien conçu, sauf le papier-monnaie qui peut-être un risque financier si la banque abuse de sa capacité d'émission et qu'elle ne dispose pas d'assez de réserves au regard des billets papier émis. Law souhaite que la banque ait au moins la valeur de ¾ des billets émis (ce sera, en réalité, entre 1 et 10%,). Autre risque, le défaut d'information des actionnaires et des porteurs de billets et le contrôle peu rigoureux exercé sur les opérations de la banque. La presse de l'époque est très sensible aux rumeurs.

2. L'imprudence (1719-1720) : la filiale industrielle et commerciale

Deux éléments vont perturber gravement le fonctionnement de la société. Le premier consiste dans le changement de l'objet social : la banque est chargée par l'État de la collecte de certains impôts (elle devient une administration à objet public). Mais encore, les pouvoirs publics confient à la société la mission de développer la Louisiane, qui est peu peuplée. Il s'agit donc d'investir sur fonds privés pour développer ce territoire situé à des milliers de km du territoire métropolitain. La banque créée à cet effet une filiale, appelée la *Compagnie du Mississipi* (1718). Or, cette colonie n'a guère de recettes, hormis les peaux de castor ; elle est une source de déficits, d'autant que l'État réclame des avances de la société.

3. La spéculation éclate : la société est conduite à la faillite

Second évènement, la spéculation prend de l'ampleur : de nombreux particuliers voient dans le papier-monnaie une source de plus-value, et le conserve dans l'espérance d'un gain. Ainsi, certains princes du sang sont informés que les réserves d'or de la banque chutent dans des proportions inquiétantes : ils se rendent au guichet et réclament le remboursement de leurs billets. Quand cette nouvelle est diffusée, les porteurs de billet paniquent et c'est l'émeute. De longues files de porteurs tentent, en vain, d'échanger leur papier. Mais la banque a épuisé ses réserves et se déclare en faillite (juillet 1720). L'aventure est finie. Law se rend aux autorités ; ses biens sont saisis et il est banni du territoire ; il finit sa vie dans la misère à Venise.

En définitive, la banque aura émis pour 3 milliards de livres de billets, quand les réserves métalliques sont à peine du trentième de ce montant. Cet écart entre les billets émis et les réserves suscite une vague de panique : les billets papier étaient une créance artificielle sur une société qui avait été imprudente. Mais encore, les éléments de régulation n'ont pas joué et les épargnants ont donc été floués. Pire encore, le système bancaire français, qui a connu une modernisation spectaculaire, revient plusieurs années en arrière.

Le scandale public est énorme : des milliers de particuliers sont ruinés, porteurs de billets sans valeur ; les Français apprennent à se méfier du papier-monnaie. D'antiques familles perdent leurs biens ; des nobles et des bourgeois sont alors ruinés et doivent apprendre à travailler pour vivre. Mais encore, dans les mentalités françaises, l'échec de la banque a démontré que les actifs traditionnels étaient les plus sûrs : la terre (logements, forêts…), les offices, les rentes sur l'État, l'or. L'épargne y retourne donc et se méfie des investissements trop risqués ou du commerce, qui peut facilement ruiner celui qui s'y risque.

Sous le Consulat (1800), on se souvient encore de cette catastrophe financière ; quand est créée la Banque de France, ses statuts imposent deux garanties légales : son indépendance de l'autorité politique comme société anonyme, et des réserves en or conséquentes. Cette fois-ci, l'expérience d'émission est plus concluante : la Banque de France résiste à plusieurs crises économiques et politiques, à cinq invasions du territoire ; la monnaie (le franc-or) est stable et offre du rendement et de la sécurité aux épargnants.

Fiche 15 LES PHYSIOCRATES (1757-1789)

L'épisode - court mais intense - de Law a ruiné de vieilles familles et élevé d'autres. C'est aussi l'époque où apparaissent les salons et les philosophes qui, entretenus par de riches seigneurs, développent de nouvelles conceptions du monde et de la société. Entre leur naissance et leur succès, plusieurs générations se convertissent aux idées nouvelles. En 1774, elles triomphent quand Turgot, chef des économistes, parvient au Contrôle-général des finances. Désormais, le gouvernement s'en inspire pour les projets de législation. Ils partent de la critique du mercantilisme et proposent de nouvelles idées ; ce faisant, elles suggèrent de réformer le droit en vigueur pour lui en préférer un autre.

D'après leur maître (Quesnay et son *Tableau économique*, 1757), la société française doit sortir du schéma mercantiliste, instaurer la liberté économique (I) et favoriser la terre (II).

I. Promouvoir la liberté économique
A. La critique du colbertisme
1. Ses arguments

La critique principale porte sur le colbertisme : la France ne peut devenir une grande puissance si elle ne sort pas du carcan réglementaire et colbertiste qui l'enserre. Aussi l'idée serait de s'inspirer du voisin anglais et que l'État cesse d'intervenir dans le domaine économique. Pour les physiocrates, le credo est le « *laisser-faire, laisser-passer* ». Dans leur esprit, l'arsenal législatif est pesant et étouffe l'initiative individuelle : « *trop d'entraves tue les affaires* » ; l'idée est de revenir sur le colbertisme. Or, sans la liberté, les échanges, le goût d'entreprendre sont vains.

2. L'arrivée de Turgot au pouvoir en 1774

En 1774, la mort de Louis XV conduit Louis XVI et, avec lui, de la philosophie : les physiocrates arrivent aux affaires avec Turgot à leur tête ; ils vont bouleverser la législation et le modèle économique français au diapason de leurs idées.

B. Décloisonner l'économie
1. Ouvrir l'économie aux échanges extérieurs

Ce principe de liberté est consacré pour les échanges commerciaux extérieurs. Sont ainsi conclus des traités de commerce de libre-échange, preuve du succès des thèses libérales. En particulier, un bouleversement se produit en 1786 : la France et l'Angleterre signent un Traité de libre-échange, destiné à promouvoir les échanges commerciaux entre les deux pays. Il consiste à baisser les droits de douane et à spécialiser les deux économies dans leurs secteurs d'excellence. C'est la consécration des thèses d'Adam Smith (admirateur de Turgot), qui, dans sa *Richesse des Nations* (1776), démontre que la richesse des États irait en s'accélérant sous deux conditions : que les pays se spécialisent dans des secteurs économiques limités, que le commerce international devienne libre.

2. Les effets contrastés du libre-échange

Le traité de libre-échange entre la France et l'Angleterre est mis en œuvre à partir de 1787 ; il apporte des résultats contrastés :
- la vive concurrence anglaise dans les machines à vapeur et le textile conduit à la fermeture de manufactures, à la hausse du chômage ;
- la France exporte davantage de produits agricoles (blés, alcools). La soie, spécialité textile française, n'a pas été intégrée parmi les produits concernés par le traité.

La Révolution de 1789 allait consacrer les thèses physiocratiques : sont supprimées les corporations et est créé le délit de coalition (1791) ; est également posé le principe fondamental de la liberté du commerce et de l'industrie – qui perdure jusqu'à nos jours.

II. La terre est l'unique source de richesses

A. Les idées des physiocrates
1. « La terre, unique source de richesses »

Le second élément des physiocrates se fonde sur l'idée de propriété. Une société de propriétaires serait la mieux fondée pour exploiter à bon escient les richesses. Puisque les propriétaires créent la richesse, eux-seuls devraient gérer les affaires publiques, car supportant l'impôt, ils doivent contrôler l'usage qui en est fait. Ils constituent donc l'élite sociale de la Nation.

Cette vision politique exclut le commerce : il est considéré comme vil, stérile et risqué ; seule la terre est socialement considérée et plus profitable. Il convient de favoriser la terre et les investissements (outils, semences…), et de valoriser ses produits. Seule la production agricole dégage un revenu net ; elle multiplie les richesses, tandis que les classes de commerçants et d'industriels sont stériles. Pour Dupont de Nemours, « *la terre est l'unique source de richesse […] c'est l'agriculture qui les multiplie* ».

2. Une société partagée entre différentes classes productives

La société serait partagée entre trois acteurs aux statuts valorisés ou dévalorisés, en fonction de ce qu'ils apportent à l'économie :
- celle de la classe productive (agriculture) ;
- celle du propriétaire foncier (excellent) ;
- enfin celle de la classe stérile (artisans, industriels, commerçants). Les physiocrates préconisent un changement radical de la fiscalité, afin que la terre supporte, seule, les taxes.

B. Les réformes libérales de Turgot (1774-1776)
1. La liberté du travail

Le gouvernement instaure la liberté d'installation des professions. Les jurandes (ou corporations) sont supprimées et tout particulier peut, en 1776, s'installer à son compte (sur simple déclaration) sans passer par un syndicat professionnel, éviter un cursus complexe et payer de lourdes cotisations ; c'est une révolution majeure du droit du travail. De rares exceptions subsistent pour les professions intéressant l'ordre public (médecins, apothicaires et orfèvres). À la suite du blocage du parlement de Paris, cette réforme est abrogée et Turgot est renvoyé.

2. Liberté du commerce des grains

Le gouvernement instaure, en 1774, la liberté du commerce des grains (alors réglementée). Cette liberté coïncide avec de mauvaises récoltes, d'où la rareté et la hausse du prix du blé ; de graves émeutes se produisent. Les populations s'alarment de la forte hausse du prix du pain ; la liberté pousse à la spéculation. En définitive, l'État réintroduit l'autorisation administrative.

3. Libertés de crédit et d'escompte (Caisse d'Escompte)

Depuis la tentative éphémère de créer une banque centrale (Law, 1715-1720), la France se trouve sans véritable banque publique. Par conséquent, le pays ne peut dispenser du crédit aux sociétés ou aux personnes physiques. Ce retard pénalise l'ensemble du système de monnaie et de crédit.

Il faut attendre l'arrivée de Turgot aux affaires (1774-1776) pour qu'une banque publique revoit le jour : c'est la Caisse d'Escompte. L'idée du contrôleur-général consiste à donner une impulsion nouvelle aux affaires commerciales par l'intervention de l'État. La direction de la caisse est confiée au banquier genevois Panchaud en 1776. Sa forme sociale est la commandite par actions ; elle dissocie les actionnaires des dirigeants sociaux de la banque. Constituée avec un capital social de 12 millions de livres, la caisse offre une solidité financière.

Cette institution a plusieurs métiers : elle accepte les dépôts, escompte les effets de commerce et émet du papier-monnaie appelé billets de confiance (d'une valeur supérieure à 1.000 livres, privilège valable 20 ans). Ils sont remboursables à vue et circulent dans le milieu du commerce, entre négociants, industriels, commerçants, grands bourgeois, banquiers….

La seconde nouveauté de cet établissement est de permettre *de facto* l'usage du prêt à intérêt. L'Etat fixe un taux modéré : 4% en temps de paix – 4,5% en temps de guerre. Le plus souvent, l'escompte se fait à 90 jours. Mais dès 1785, l'État (Calonne) emprunte des fonds à la caisse – sans les lui rendre – et satisfait ainsi ses besoins urgents de trésorerie. La caisse connaît alors des difficultés, avant d'être liquidée sous la Révolution française.

Fiche 16 LA REPRESENTATION DES GENS DU COMMERCE

Dans l'ancienne société française, le pouvoir politique s'appuie sur un système de corporations qui représentent les professions autorisées. Mais la monarchie va plus loin, elle pousse à la création d'un système plus représentatif qui incarne, par le haut, le monde des affaires. L'idée permet d'avoir moins d'interlocuteurs mais plus représentatifs, auxquels le gouvernement communique ses projets – pour le bien de la France en général et du commerce en particulier. Dès Henri IV, le contrôleur Laffemas s'efforce de pousser à la création de ces instances locales du commerce (1604), ébauche que poursuit Colbert. On trouve deux strates : la première est locale avec les chambres de commerce (I) ; la seconde, centrale, est appelée le bureau du commerce (II).

I. Les chambres de commerce

Elles incarnent les affaires locales à une ville, généralement située sur un port ou un axe routier important ; elle possède aussi des industries (navales…) et un noyau de gens étroitement liés à l'activité économique.

A. Emergence

La première en France à apparaître est celle de Marseille (1599) ; la cité phocéenne est située sur un lieu d'échanges actifs. Son port, qui aura le statut de port franc, est aussi le siège de la flotte des galères ; il draine une forte activité d'import-export. Marseille conserve la seule représentation du commerce local en France. Elle découle de la volonté du conseil de ville d'offrir au monde du commerce un visage institutionnel, d'autant que la chambre dispose d'un bureau à Paris, qui lui permet de suivre les affaires commerciales ou contentieuses en cours, et d'entretenir une liaison permanente et directe avec le gouvernement.

Pareil modèle institutionnel est étendu par la volonté royale sous Louis XIV.

B. Son extension ultérieure
1. Le développement des chambres

Un arrêt du conseil érige une chambre de commerce dans un port actif de la Manche, celui de Dunkerque (1700). La cité constitue une forte activité maritime, en établissant des relations maritimes tant avec l'Europe du Nord qu'avec l'autre côté de l'Atlantique. S'ensuivent d'autres créations identiques, qui touchent les villes (souvent portuaires) de Lyon, Rouen, Toulouse, Montpellier, Bordeaux, La Rochelle, Lille, Bayonne et enfin Amiens – la dernière à être crée (1761).

Toutefois, certaines ne saisissent pas l'opportunité de créer leur propre chambre, comme les villes de Nantes ou Saint-Malo. Et Paris, éminent centre commercial et bancaire, ne possède pas de chambre ; il est vrai que la ville disposait d'une forte représentation des marchands auprès du gouvernement (appelés les Six-corps).

2. Leur composition

Elle est ramassée et les membres sont en général à peine une dizaine. Ils sont tous des marchands expérimentés (des conditions d'âge et d'exercice sont exigées) et certains, faute d'être élus par leurs pairs, sont désignés par l'autorité administrative locale – l'intendant, comme à Dunkerque.

Les chambres de commerce disparaissent au début de la Révolution.

C. La renaissance des chambres de commerce

Dès le Consulat, on s'efforce d'impulser un coup de fouet à l'activité économique ; on cherche aussi à améliorer la représentation des gens d'affaires. On crée, par la loi, les chambres de commerce. Elles ont deux missions : les unes sont consultatives ; le gouvernement les consulte ainsi sur les règlements commerciaux, la création de nouvelles chambres de commerce ou de bourse, les travaux publics… Elles ont aussi un rôle d'information sur les informations scientifiques : elles doivent recueillir les nouvelles techniques et les diffuser auprès du monde de l'entreprise.

Elles sont aussi un rôle administratif : elles administrent les bourses de commerce et tous les établissements créés pour les besoins du commerce : ports et aéroports, salles des ventes, expositions (dont les foires et expositions internationales, très fréquentes au XIXe siècle), musées, et surtout écoles de commerce (la formation commerciale avec les écoles ESCP et HEC à Paris, celle des ingénieurs…). Pour ce faire, les chambres disposent de recettes spécifiques.

Il existe aussi une institution spécialisée dans la chose commerciale.

II. Le bureau du commerce
A. Une composition pluraliste

Colbert créé l'institution en 1661 ; le conseil de commerce comprend une dizaine de fonctionnaires et des délégués de grandes villes industrielles (18). Sa mission, alors, consiste à rédiger les règlements et à encourager les manufactures, à sillonner le territoire pour développer l'industrie et à propager les bonnes pratiques. Il est mis en suspens après la mort de Colbert, et réapparaît en 1700 sous la présidence de d'Aguesseau.

Le bureau comprend plusieurs catégories de personnes : les ministres concernés (souvent ceux de la Marine et le contrôleur-général), des conseillers d'État, les députés et les intendants du commerce après 1708 (sortes de directeurs généraux de ministères), une dizaine de marchands issus de grandes villes (Paris, Rouen…). Il est dirigé par un directeur-général désigné par le chef de l'État. Il conduit les différentes étapes et s'efforce de trouver des solutions au difficultés rencontrées.

Parmi les plus connus, on trouve Trudaine, qui chercha à améliorer le fonctionnement des manufactures, du commerce extérieur et créa l'école des ponts et chaussées.

B. La procédure

Elle débute par des questions posées aux députés du commerce. Ils se réunissent régulièrement, et se distribuent et discutent des dossiers. Une fois rédigé, le rapport est présenté au bureau du commerce réuni en session plénière. Au moment du vote, les députés peuvent être consultés mais n'ont pas voix délibérative. Une fois le vote obtenu, est rédigé l'avis du bureau du commerce. Il est transmis au chef de l'État qui prend la décision.

Parmi les grandes questions traitées, on doit retenir celles qui intéressent le commerce maritime, la création de nouvelles juridictions consulaires, et la nécessité de déréguler le système économique français. Ainsi, Vincent de Gournay présentera dans cette institution les grands traits de la physiocratie.

En 1700, des députés signalent l'une des causes du malaise des industriels, « *la fuite des religionnaires* [protestants] *qui ont emporté beaucoup d'argent, de bonnes têtes capables et de bons bras par le nombre des ouvriers qu'ils ont emmenés avec eux* ». D'où un appel à une certaine modération dans l'application des dispositions religieuses.

Chapitre 2 Les juridictions consulaires

Fiche 17 Leur création et leur développement (compétences)
Fiche 18 Leur fonctionnement original

Parmi la mosaïque des tribunaux de l'Ancien Régime (de droit commun ou d'exception), on trouve des juridictions qui se détachent par leur compétence exclusive : les tribunaux de commerce. Ils sont intéressants, car ils dérogent au droit commun et ils sont les seuls à avoir survécu à la fin de l'ancien droit – ils subsistent toujours.

Évoquons leur création, puis leur procédure spécifique.

Fiche 17 LEUR CREATION ET LEUR DEVELOPPEMENT

I. Des commerçants insatisfaits de leur justice
A. Les reproches du commerçant envers la justice

La création de tribunaux spécialisés dans le droit des marchands découle de la revendication des négociants français, qui se plaignent au 16e siècle de ne pas bénéficier de juridictions adaptées à leurs besoins, à savoir tranchant rapidement les conflits et à moindre frais. La justice ordinaire peut être d'une extrême lenteur, ce qui nuit aux gens des affaires, dont la rapidité des procès est une nécessité. Cette situation profite alors aux particuliers de mauvaise foi, et le cours des affaires s'en trouve perturbé.

Second reproche, celui de supporter des frais de justice élevés : les gens d'affaires ont l'obligation de recourir au ministère du procureur (qui s'occupe de la procédure) et de l'avocat (qui s'occupe du fond et droit et plaide). En sus, le justiciable est soumis aux épices, cette somme d'argent que les juges exigent et qui sont mentionnées dans la décision judiciaire.

Enfin, les marchands reprochent aux juges ne pas connaître leurs usages particuliers, de ne pas maîtriser le vocabulaire spécifique au monde des marchands et d'être ignorants du droit des affaires. Il est vrai qu'il n'existe pas de cours de droit commercial dans les facultés de droit (pas avant le XIXe siècle) et les juges sont surtout formés au droit romain, au droit canon – et après 1679, au droit français. La formation au droit commercial est donc lacunaire. Pour y remédier, la juridiction consulaire de Paris proposera des conférences gratuites ouvertes à tous (1780).

Aux États généraux d'Orléans (1560-1561), les marchands français dévoilent leurs revendications. Certes, il existe des juridictions dites de foires ou de corporations, mais leurs prérogatives sont trop limitées, et leur assise géographique trop faible, pour être vraiment utiles au monde du commerce.

B. La juridiction consulaire altérée par l'opposition des juges

En 1549, la monarchie tente un premier essai en créant, par édit, la juridiction des consuls à Toulouse, puis il en crée une seconde à Rouen, sans toutefois vouloir généraliser l'institution. En fait, les rois hésitent à créer de nouveaux tribunaux, car le pays en connaît déjà beaucoup ; les conflits de compétence sont forcément nombreux et perturbent le cours de la justice. Enfin, les officiers ayant acquis leurs offices (depuis l'apparition de la vénalité des offices en 1522) sont mécontents quand les juridictions où ils servent perdent une part de leurs compétences. Ils y voient une perte de valeur de leur office.

C. La tentative de l'arbitrage obligatoire

La monarchie s'essaie à l'arbitrage des différends commerciaux plutôt qu'à choisir la voie judiciaire ; dans cette optique, un édit de François II (1560), contraint tout commerçant à recourir à des arbitres privés (au moins trois) pour trancher ses querelles. Ce faisant, le chancelier de l'Hospital doit concevoir un système judiciaire qui puisse concilier les attentes des commerçants avec celles des juges civils, qui ont acheté leur charge et en sont propriétaires.

Mais l'édit consacré à l'arbitrage est un échec cinglant – sauf pour les différends entre associés, où l'arbitrage reste la règle.

II. La naissance des juridictions consulaires
A. Un essai de juridiction d'exception

Devant l'échec de l'arbitrage, le chancelier crée à Paris par un édit une juridiction consulaire en 1563 (elle s'installe dans le quartier du Marais, rue des juges-consuls). Dans ses motifs, l'édit dévoile ses objectifs, « *pour le bien public, l'abréviation de tous les procès entre commerçants, qui doivent négocier ensemble de bonne foi, sans être astreints aux subtilités des lois et ordonnances* ». Ce tribunal tranche les litiges des commerçants parisiens. L'impulsion est nette et très vite, des juridictions similaires naissent dans les grandes villes françaises, souvent installées sur un fleuve ou près de la mer (Bordeaux, Nantes, Reims, Limoges, Angers).

En général, tout tribunal consulaire comprend au moins un président appelé juge et quatre personnes qualifiées de consuls.

B. L'extension de ce modèle juridictionnel

En 1565, on étend la compétence de ces juridictions consulaires en établissant le principe d'un siège dans toutes les villes déjà pourvues d'un juge royal, qui se voit enlevé ses compétences commerciales. Par conséquent, les tribunaux consulaires se multiplient : leur nombre dépasse la quarantaine sous Louis XIV, puis 67 sous Louis XVI.

Toute demande de création de tribunal consulaire fait l'objet d'un examen devant le bureau du commerce. Mais les cours ordinaires, et notamment les parlements, tentent d'interdire les tribunaux consulaires qui leur portent ombrage et limitent leurs débouchés - et leurs épices. Ce conflit récurrent porte préjudice au développement de nouveaux tribunaux de commerce, alors que le besoin s'en fait sentir.

Une fois la sentence rendue par la justice consulaire, l'appel est possible (avec un délai bref de huit jours) pour les seules affaires supérieures à 500 livres tournois (l'équivalent de 20 mois de salaire moyen de l'époque). Pour le législateur, il convient de terminer les petits litiges et d'éviter que l'esprit de chicane ralentisse le cours de la justice. L'appel est alors porté devant la cour supérieure locale (conseil souverain ou parlement). Mais dans les faits, les juges de droit commun admettent des affaires qui auraient dû être terminées, afin d'obtenir des plaideurs supplémentaires. En 1781, le projet de réforme de l'ordonnance du commerce change le seuil de l'appel et l'élève à 2.000 livres.

Fiche 18 LEUR FONCTIONNEMENT ORIGINAL

Les juridictions consulaires reposent sur trois principes remarquables (I), mais leur compétence est contestée (II).

I. Les trois principes des tribunaux de commerce
A. La gratuité
Le magistrat consulaire ne perçoit aucune rémunération, même s'il est prévu des indemnités des fonction (gratification) allouées par la chambre de commerce locale ou par le roi. Les sentences ne contiennent pas d'épices, cette somme que les juges ordinaires mettent à la charge des justiciables. Ce principe de gratuité incite les juges civils à s'élever contre ces juridictions qui attirent les plaideurs, et leur enlèvent des épices, ce qu'illustre la phrase célèbre de Mézeray : « *la juridiction consulaire fait sécher sur pied la chicane qui meurt d'envie de mettre la griffe sur un morceau aussi gras qu'est le commerce* ». Pour la justice civile, la réforme Maupeou (1771-1774), quoique éphémère, prohibe la perception d'épices.

B. Collégialité et élection des juges
1. Collégialité
Second point, le tribunal est collégial. Il y a en général cinq personnes (un juge et quatre consuls) - trois suffisent pour rendre une décision -, tandis que les juridictions judiciaires de droit commun sont composées d'au moins sept juges. Le plus souvent, le juge est un ancien consul qui a fait ses preuves et acquis de l'expérience dans le jugement des affaires commerciales. Tout commerçant doit respecter certains critères pour être élu. Enfin, autre originalité, le tribunal peut appeler parmi lui, comme conseil, un commerçant très au fait d'une matière pointue. La collégialité renforce la bonne justice (échange des arguments, meilleure étude du dossier, examen contradictoire entre juges).

2. Election

Les juges-consuls sont élus, chaque année, par l'ensemble des marchands - et non nommés par le roi comme le sont les juges de droit commun. Ce mécanisme démocratique conduira les révolutionnaires à conserver les tribunaux de commerce en 1789. Les juges sont choisis parmi les commerçants d'une ville, et les candidats doivent obéir aux conditions exigées : âge, expérience (avoir au moins dix ans d'ancienneté), être capable, donc ne pas être failli. Dans les très grandes villes, le système électoral est à deux degrés.

C. Preuves et représentation en justice
1. Mode de preuve

La preuve repose sur le principe fondamental de la liberté en matière commerciale. Par voie de conséquence, le mode de la preuve est plus souple et moins contraignant en droit des affaires qu'il ne l'est en matière civile. La rapidité des affaires, les relations de confiances tissées entre commerçants conduisent à admettre des preuves moins formalistes, donc à accepter tous modes de preuves. Au besoin, les magistrats consulaires peuvent s'adjoindre l'éclairage d'un marchand réputé, quand le contentieux est très spécialisé.

2. Représentation en justice

La représentation en justice est tout aussi originale. On accorde aux marchands la faculté de se défendre en justice, sans recourir à un avocat. L'édit de novembre 1563 écarte tout ministère d'avocat ou de procureur. Cependant, l'usage contraire est toléré, en dépit de la jurisprudence contraire du parlement de Paris. Des praticiens (souvent de pauvres commerçants) peuvent prodiguer leurs conseils aux justiciables. La procédure mise en œuvre est sommaire ; elle peut être orale ou écrite et se réduit à l'"essentiel.

Ces praticiens exercent une influence très positive ; certains sont des commerçants remarquables, tel Savary. Connu pour son rôle dans la rédaction de l'Ordonnance du Commerce (cf. fiche 13), il débute sa carrière comme procureur au parlement, travaille chez un notaire au Châtelet, entre en apprentissage et est reçu dans le corps des merciers de Paris. Les praticiens (échevins, avocats en parlement, commissaires au Châtelet), au besoin, offrent leurs bons conseils dans des opérations d'arbitrage

II. Compétences
A. La compétence *ratione materiae* et *personae*
1. Des conflits récurrents avec les juges ordinaires

Un conflit récurrent oppose les juridictions civiles aux juridictions consulaires. Les premières désirent conserver une clientèle fortunée. En fait, la compétence de juger les affaires commerciales est revendiquée par une foule de juridictions (bailliages et sénéchaussées, amirautés…). Les tribunaux de commerce doivent constamment lutter pour protéger leurs compétences. Il s'agit autant d'une question d'honneur que d'une question d'argent.

2. Les compétences énoncées par le droit

Au fil du temps, le législateur intervient à plusieurs reprises pour délimiter les compétences respectives des tribunaux. L'édit de 1563 confère aux justices consulaires une compétence de principe étendue ; sont ainsi concernés « *les procès et différends entre marchands pour faits de marchandises seulement, leurs veuves marchands publiques, leurs* « facteurs » *serviteurs et commettants* ». Par voie de conséquence, le critère de compétence est personnel et matériel. Les juridictions commerciales connaissent des affaires des marchands pour leurs actes de commerce. En dehors de cette règle, tous les litiges relèvent des tribunaux civils, comme les actes de la vie privée des marchands.

Néanmoins, l'Ordonnance de 1673 – dans son titre XII - prévoit deux exceptions au principe : la première concerne les propriétaires (gens d'église ou gentilshommes) et fermiers qui ont vendu des denrées agricoles à des marchands peuvent choisir la juridiction compétente, soit justice commerciale, soit justice civile (art. 10). La seconde exception concerne les lettres de change : même souscrites par des non-commerçants, elles sont de la compétence exclusive des tribunaux de commerce (art. 2).

Enfin, sont aussi exclues les matières de faillites ou liées au commerce maritime. Dans ce dernier point, sont compétentes les amirautés, tribunaux d'exception établis dans les ports de l'Atlantique et de la Méditerranée. L'ordonnance de 1673 (art. 7 du titre XII) affirmait le contraire ; elle confiait les questions d'assurance et tous autres contrats liés à la mer aux justices consulaires. L'ordonnance sur la marine abroge ce point (1681).

Dérogation exceptionnelle, une déclaration royale de 1715 attribue aux juridictions consulaires la connaissance des faillites, pour limiter la lenteur et les coûts liés à de telles affaires. Cette dérogation particulière perdure jusqu'en 1733.

B. La compétence *ratione loci*

Cette compétence « *en raison du lieu* » est peu précise : l'Ordonnance de 1673 est en effet silencieuse sur le ressort territorial des tribunaux consulaires. Deux thèses s'opposent alors : les parlements et juges civils exigent que la compétence des juges consulaires soit limitée à une ville, voire à un bailliage. En revanche, les commerçants, appuyés par le Bureau du commerce, soutiennent la « *juridiction la plus prochaine* », ce qui écarte la compétence des juges ordinaires.

En définitive, la première approche l'emporte en 1759 : le chancelier Lamoignon de Blancmesnil, fait adopter une déclaration qui limite la compétence du lieu des juridictions consulaires.

À défaut d'enseignement du droit commercial chez les juristes (il faut attendre 1803 pour cela), les gens d'affaires disposent de plusieurs moyens pour parfaire leurs connaissances : d'abord, l'existence d'un système d'apprentissage, complété par l'édition juridique qui propose de nombreux ouvrages intéressant le droit des affaires : ainsi pour des commentaires des ordonnances du commerce, de la marine… Et en 1780, les consuls de la juridiction consulaire de Paris proposent des conférences gratuites les samedis, tenues au cloître Saint-Méry.

Quand survient la Révolution française, les juridictions consulaires sont les seuls cours à être conservées (août 1790). On leur confie la compétence des affaires maritimes.

Chapitre 3 Sociétés de commerce et faillite/banqueroute

Fiche 19 La typologie des sociétés de commerce
Fiche 20 Les difficultés des entreprises : faillite/banqueroute

Les sociétés au XIIIe siècle	Les sociétés au XVIIe siècle	Les sociétés au XIXe siècle
Commenda - Apporteur de fonds et exploitants sont dissociés - Objet social : transport maritime - Existence brève - Apparition en Italie du Nord	**Société par action** - Représentation des actionnaires par des syndics - Associés responsables sur leurs apports - Louis XIV et Colbert actionnaires de la Cie - ex Cie des Indes orientales - Actions non négociables - Repose sur 1 privilège/monopole de l'Etat - Objet : commerce colonial, banque (ex Law) - Directoire de directeurs et AG d'actionnaires - Présence de l'Etat dans la vie sociale (Commissaire)	**Société en nom collectif** - Objet : banques d'affaires, petites sociétés - Parts sociales non cessibles - Capitaux familiaux - Responsabilité indéfinie et solidaire des associés
Compagna - Société en nom collectif - Capitaux familiaux - Responsabilité indéfinie et solidaire des associés - Objet social : banque, commerce - Existence prolongée	**Société en commandite** - Responsabilité limitée des actionnaires - Responsabilité illimitée des gérants - Cession des parts possible	**Commandite par actions** - Dissociation associés:gérants - Gérants indéfiniment et solidairement responsables - Fraude : gérants insolvables et associés revendent leurs parts aprsé une large publicité (fin par loi 7/1856 - Objet : sociétés industrielles de taille moyenne. - Parts sociales cessibles
	Société en nom collectif - Association de quelques commerçants - Duré de vie limitée : la mort d'un associé met fin à la société - Responsabilité illimitée des associés-gérants	
Compagnies à filiales - Clef du système Médicis à Florence - Capitaux familiaux + recours à des fonds extérieurs de tiers rémunérés à 8%. - Création de filiales en Europe, qui sont des sociétés indépendantes	**Société anonyme** - Société en participation, occulte - Constituée pour une affaire déterminée - Existence d'un prêt-nom, responsable. - Associés restent dans l'ombre;	**Société anonyme** - Autorisée par le gouvernement après enquête publique. - Forme sociale obligée : assurance, banque. - Au moins 7 actionnaires, responsables sur leurs appports. - Formalités rigoureuses de constitution/ fonctionnement. - Parts sociales cessibles.

Fiche 19 LA TYPOLOGIE DES SOCIETES DE COMMERCE

L'ordonnance sur le commerce met en forme le droit des sociétés ; son titre IV y consacre une dizaine d'articles. Toutefois, ces sociétés sont peu nombreuses et sont soumises à des règles particulières. L'ordonnance exige un écrit pour l'acte de société ; elle rappelle la règle de la solidarité entre associés ; elle oblige à démontrer l'*intuitu personae* ; elle introduit la publicité de certains actes pour l'information des créanciers et du public (cf. fiche 27).

On trouve, dans le monde des affaires, deux organisations sociales différentes : d'une part les sociétés de personnes qui sont les seules à être envisagées par le législateur (I), d'autre part, la pratique des affaires s'intéresse à une autre forme sociale, celle des sociétés de capitaux (II).

I. La société de personnes

A. « Société générale » (société en nom collectif)[1]

Elle est très répandue ; sa raison sociale comprend le nom de tous les associés (trois ou quatre commerçants, le plus souvent), qui participent aux bénéfices sociaux. Toutefois, une telle société est précaire car elle est d'un temps et d'un capital limités et ne survit généralement pas au décès d'un des associés. Plus rarement, les associés lui apportent tous leurs biens ; la société prend alors le nom de « *société de tous biens* ». La responsabilité sociale des associés est illimitée ; elle est donc rassurante pour les créanciers, mais peut être dangereuse pour ses associés, surtout en cas de mésentente.

B. Société en commandite

Elle est reprise par l'Ordonnance de 1673. Dans cette forme sociale, certains associés fournissent des capitaux sans jouer de rôle actif (commanditaires), tandis que d'autres

---

[1] O. Wirz, *Les sociétés en nom collectif au XVIIIe siècle*, LGDJ, 2021.

apportent leur talent, leur travail mais sans apporter de capitaux (commandités). Dans une telle circonstance, la responsabilité du commandité (celui qui travaille) est bien plus forte que celle du commanditaire (celui qui apporte les capitaux). Le commandité est responsable indéfiniment des pertes sociales, tandis que le commanditaire voit sa responsabilité limitée au montant de ses apports. Son intérêt est double : ouvrir le capital à des financements extérieurs et limiter la responsabilité des apporteurs de capitaux qui souhaitent rester dans l'ombre. S'ils ne le sont pas, la jurisprudence considère qu'ils ont outrepassé leur rôle et ils peuvent être contraints de supporter une partie du passif social.

Elle connaît un grand succès au XIXe siècle.

C. Société anonyme

Sa signification est éloignée de celle d'aujourd'hui. Il s'agit d'une société de compte en participation : elle est occulte et est constituée pour une seule affaire. Celui qui conduit l'affaire prétend agir pour son compte, mais en fait il n'est qu'un prête-nom, car il partage les pertes ou les bénéfices avec ses associés restés dans l'ombre, donc inconnus.

II. La société de capitaux

À la différence des sociétés de personnes, la société de capitaux ne se forme pas *intuitu personae*, c'est-à-dire que les apporteurs de fonds ne sont pas censés se connaître. Cependant, en pratique, les sociétés personnelles divisent leur capital en parts, cessibles, et dont le statut se rapproche du second type de société.

A. Les sociétés formées par la puissance publique

Sous le ministère de Colbert (1661-1683), on rencontre deux sortes de sociétés par actions. Les premières sont fondées par le roi ; elles s'appuient soit sur un monopole, soit sur un privilège, les actionnaires ne prennent pas part à la direction des affaires sociales et se contentent de percevoir les dividendes, la plus célèbre étant la *Société des Indes Orientales*. Créée sous Louis XIV, elle perdure jusqu'en 1749 ; elle était chargée de l'import-export entre la France, l'Asie (les Indes orientales) et l'Amérique (Indes occidentales). Elle renaît en 1785 sous un autre nom, et est liquidée en 1793, ce qui suscite un scandale politique (des fonds ont été détournés par des députés de la Convention).

B. Les sociétés privées

En 1688, on tente d'en créer en matière d'assurance, à l'instar de celles qui existent déjà en Hollande et en Angleterre. Deux sont particulièrement intéressantes : la *Banque de Law*, et la *Manufacture de Saint-Gobain*. Elles permettent de lever des capitaux dans des industries hautement capitalistiques, telles que les mines de charbon, les canaux, la banque.

Sous la Révolution française, notamment sous la Terreur, les députés voient avec méfiance le monde des affaires, suspecté de trahir l'intérêt national au profit du lucre, et d'échapper au contrôle des pouvoirs publics. C'est la méfiance envers le « *mur d'argent* », le rejet du capitalisme. En août 1793 (le 24), la Convention nationale adopte par décret la suppression de toutes les sociétés par action. Par conséquent, Ferme générale et Caisse d'Escompte (deux des plus importantes) sont supprimées et leurs administrateurs envoyés à la guillotine. L'année suivante, c'est le cas des sociétés financières, suspectées d'être « *la main de l'étranger* », au moment même où la France est en guerre[2].

Ainsi conçu, le droit des sociétés est clair, mais il reste incomplet au regard de celui de ses principaux adversaires économiques. Pire encore, la sanction de la nullité en cas d'absence de publicité des actes est peu appliquée, car elle paraît excessive, d'autant que les marchands n'ont pas encore

---

[2] Une loi de brumaire an IV (novembre 1795) abroge ces dispositions.

pris l'habitude de dévoiler certains actes de leur vie privée (contrat de mariage…). Quant à l'absence claire de sociétés de capitaux, elle s'explique par le fait que la France reste une société largement rurale, artisanale et agricole. Les grandes sociétés industrielles ou commerciales y sont rares.

Fiche 20 LES DIFFICULTES DES SOCIETES : FAILLITE/BANQUEROUTE

Le droit s'intéresse à sanctionner les commerçants fautifs ou malchanceux, contre lesquels des principes émergent (I) ; le spectre de la banqueroute - sanction honteuse - plane sur l'ombre du débiteur insolvable (II).

I. Caractères généraux de la faillite
A. Hétérogénéité du droit de la faillite avant 1673

Il convient de relever que le droit français de la faillite est, avant 1673, hétérogène car trois droits différents coexistent. Le premier dépend du droit romain ; dans le sud du territoire, on y applique la procédure romaine, à savoir distraction des biens puis vente avec vente aux enchères du patrimoine du débiteur, et répartition de son produit entre créanciers. En pays de droit coutumier – où c'est généralement la coutume de Paris qui s'applique -, la procédure est différente. On y trouve une organisation collective des créanciers ; ceux-ci s'organisent pour limiter le nombre de plaideurs, pour réduire les frais de contentieux et la durée de la procédure. En principe, chacun reçoit au prorata de ses créances.

Le troisième droit concerne le droit des foires - dont la Conservation des foires de Lyon offre le bon exemple. En cas de faillite, les créanciers peuvent saisir les marchandises de foire du débiteur insolvable, ainsi que ses biens à son domicile. Par conséquent, cette procédure est très efficace car exécutoire aussi bien en France qu'à l'étranger – à la condition, évidemment, que les juges locaux exécutent la décision française.

B. Le caractère social et politique de la faillite
1. Traits généraux

Dans l'esprit du Moyen Âge, la peine possède un effet dissuasif. Aussi la faillite s'accompagne de peines afflictives et infamantes. À l'époque, elles sont aussi sévères que diverses : exposition au pilori, port d'un bonnet vert – sorte de « casier judiciaire » corporel -, cortège grotesque, gestes ridicules du failli, excommunication, privation de sépulture, contrainte par corps (cf. à la prison pour dette, applicable jusqu'en 1867). Les coutumes françaises comprenaient des peines infâmantes à l'encontre des commerçants véreux (ainsi celle de Salon-de-Provence, en 1293, qui prévoit un châtiment particulier). Cependant, le droit ne distingue pas nettement la bonne ou la mauvaise foi du failli. En tout cas, l'ordonnance consacre trois titres (sur les douze qu'elle comprend, IX à XI) aux difficultés de l'entreprise.

2. Le législateur français et son dilemme

La monarchie est confrontée à un dilemme : elle se doit de défendre la morale publique, donc de châtier les escrocs ou commerçants incompétents qui nuisent au public et à la bonne foi. D'un autre côté, l'État ne doit pas décourager le commerce et épargner les faillis malchanceux ; ceux qui, de bonne foi, ont subi un revers de fortune sans commettre de faute personnelle.

L'État va, lentement mais sûrement, distinguer les faillis de bonne ou de mauvaise foi ; les premiers voient leur sort adouci, tandis que les seconds sont – en théorie – soumis à des sanctions extrêmement fortes ; ce sera la distinction entre faillite et banqueroute (ordonnance de 1560, reprise en 1609 puis en 1629).

Mais le législateur ne définit pas la faillite ; il le fera seulement en 1808 avec l'art. 437 du code de commerce[3]. En 1781, le projet d'ordonnance du commerce comprend une définition claire : « *la nécessité où se trouve un débiteur de bonne foi, ou par des accidents imprécis ou par des malheurs, de demander à ses créancier terme et délai pour payer ses engagements ou une partie de ceux-ci* » (titre X).

---

[3] « Tout commerçant qui cesse ses paiements est en état de faillite ».

C. Le statut des créanciers
1. La lettre de répit
- nature

La lettre de répit est une technique qui permet au débiteur de bénéficier de délais de paiement exceptionnels. Lorsqu'elle est accordée, elle doit répondre à trois conditions : bonne foi du demandeur, secours provisoire, passif exigible supérieur à l'actif. Ces conditions sont destinées à protéger les créanciers d'une manœuvre dilatoire du débiteur, car on craint sa mauvaise foi.

Cette technique est reprise dans le titre IX de l'Ordonnance sur le commerce (5 articles s'y réfèrent) ; elle est employée par le souverain ou par une cour de justice. Dès le XIIIe siècle, ce procédé est utilisé pour favoriser le rétablissement économique de marchands. Dans une autre optique, le parlement peut rendre un « *arrêt de défense générale de contrainte* », qui protège provisoirement les biens du commerçant.

Si la lettre de répit est accordée, le débiteur perd certains droits : entrer à la Bourse, faire du change (pour éviter d'aggraver sa situation financière), renoncer à ses fonctions publiques pour écarter le danger de détournement.

- **Effets**

La lettre accorde un répit de 6 mois au débiteur, cette durée peut être portée à un an lorsqu'une caution est apportée à titre de garantie. En échange et comme preuve de sa bonne foi, le débiteur dépose aux greffes des juridictions de son domicile (consulaire et civile), un état de ses biens (actif et passif). Il en adresse copie à titre d'information à ses créanciers. Il doit, en second lieu, leur signifier la lettre de répit, ces derniers pouvant la contester par la voie judiciaire. Le créancier qui s'oppose à la lettre doit démontrer qu'elle a été accordée en fraude, que l'état patrimonial est erroné, que le débiteur se trouve dans une situation irrémédiablement compromise. Un délai de paiement ne change rien à son insolvabilité.

Si le débiteur ne souhaite pas recourir à la lettre de répit, il peut solliciter une lettre de surséance : obtenue par un arrêt du Conseil du roi, elle arrête les poursuites pour une durée de 5 mois à 5 ans.

Le débiteur peut éviter les effets de la faillite par la cession de biens.

2. La cession de biens

L'intérêt de cette opération (qui relève du titre X de l'Ordonnance sur le commerce) consiste à éviter la prison et l'infamie ; le débiteur préserve l'avenir en évitant son discrédit. Le commerçant en difficulté propose de céder à l'amiable ses biens à ses créanciers. Cette cession de biens est judiciaire : c'est un droit accordé par l'autorité judiciaire au débiteur, car lui seul a qualité pour agir.

Le débiteur agit auprès de la chancellerie en obtenant des lettres. Après ces lettres, le débiteur dépose au greffe du tribunal ses pièces comptables, c'est-à-dire son bilan et ses livres de compte. Il prête serment de ne pas agir en fraude, qu'il n'a dissimulé aucun bien pour le faire échapper à la faillite. Le débiteur médiatise cette information à ses créanciers, soit par la presse, soit par la rumeur publique.

Ensuite, les créanciers sont traités de la même façon que dans la faillite : les biens déclarés du débiteur sont vendus et leur produit est distribué entre eux. Le juge peut, au besoin, nommer des directeurs chargés de l'exécution si le patrimoine abandonné par le débiteur est important.

Quant au débiteur, sa dette n'est pas neutralisée : elle subsiste tout en retranchant du capital les cessions de biens qu'il a laissés ; en d'autres termes, il y a clause de retour à meilleure fortune : ses créanciers peuvent se retourner contre lui si des biens venaient à entrer dans son patrimoine. Surtout, la personne de débiteur est frappée des mêmes incapacités qu'un failli jusqu'à sa réhabilitation.

3. La situation du failli

La procédure de faillite s'achève par la vente des biens du failli. Mais l'ordonnance ne prévoit pas de procédure collective ; elle s'intéresse seulement aux questions de délai, de répit et de concordat. Or, les saisies individuelles pratiquées de manière isolée par les créanciers sont coûteuses, puisqu'elles incitent les créanciers à se jeter sur le patrimoine du failli avant qu'il n'en reste plus rien.

En fait, pour obvier à de tels inconvénients, les créanciers, dans l'usage, s'entendent pour créer une procédure collective et se rassembler autour des mêmes buts. Ils passent deux contrats : l'un est dit contrat d'un jour pour formaliser leur entente quant à la procédure collective (tous représentés dans une masse des créanciers) ; le second contrat est qualifié de contrat de direction : il sert à désigner les liquidateurs (le syndic et 2 directeurs de la faillite) et leur conférer tout pouvoir au nom des créanciers. En raison de leur importance, ces contrats doivent être homologués en justice. Le syndic et les deux directeurs sont, le plus souvent, choisis parmi les créanciers les plus importants ou parmi ceux qui jouissent de la meilleure considération. Souvent, ils s'adjoignent les services d'un secrétaire qui est souvent le failli (il reçoit une rémunération de ses créanciers). Ces directeurs peuvent transiger avec les débiteurs du failli. Ils font dresser l'ordre des créanciers par un notaire ou par un avocat, de manière à connaître dans le détail les actifs et passifs laissés par la société. Ensuite, on procède à la vente aux enchères des immeubles, tandis que les biens meubles et marchandises sont cédés à l'amiable.

Après, c'est la procédure de répartition des deniers recueillis par les directeurs. Dans l'ordre, on paye d'abord les créanciers hypothécaires, puis les créanciers chirographaires au « *sol la livre* », ou « *au marc la livre* » (proportionnellement à leurs créances). Une fois la procédure achevée, les directeurs rendent compte de leur action devant leurs mandants, qui contrôlent qu'il n'y pas eu de soustraction de biens du failli ou que les frais supportés par la masse des créanciers restent dans une limite raisonnable.

II. La banqueroute
A. Les caractères de la banqueroute
1. Traits généraux

Ce terme est issu de l'italien « *banco rotto* », qui veut dire le « *banc rompu* ». En effet, changeurs et banquiers du Moyen Âge disposent d'un banc ; aussitôt connue leur situation financière fragile, leurs collègues brisent ce qui fait le symbole de leur réussite ; ils sont désormais exclus du monde des affaires.

On distingue le failli du banqueroutier. Si le premier est considéré comme de bonne foi (sa situation délicate n'est pas due à une faute intentionnelle), en revanche, le banqueroutier est mal traité : on estime qu'il a organisé sa faillite par sa faute. L'Ordonnance sur le commerce consacre plusieurs dispositions du titre XI à la banqueroute : 4 articles évoquent les caractères de la banqueroute, puis les peines qui y sont attachées, étant entendu qu'elle est punie comme un crime.

2. La banqueroute volontaire (art. 10 du titre XI)

La disposition légale est ainsi rédigée : « *Nous déclarons banqueroutiers frauduleux ceux qui auront diverti leurs effets* [considérés au sens large de tout patrimoine mobilier], *supposé des créanciers ou déclaré plus qu'il n'était dû aux véritables créanciers* ».

En d'autres termes, le commerçant insolvable a dissimulé ses actifs en les mettant hors de portée des créanciers ; il peut avoir fui ou cédé en fraude des lettres de change. Les juges peuvent annuler les actes frauduleux conclus pendant la période suspectes (au-delà des 10 jours précédant la faillite).

3. La banqueroute comptable (art. 11 du titre XI)

Sont considérés comme « *banqueroutiers frauduleux ceux qui au moment de leur faillite ne présenteraient pas leurs livres et journaux signés et paraphés* ».

La banqueroute frappe les commerçants qui n'ont pas tenu leurs livres de compte ou les ont bâclés. Cette absence de comptabilité, dans l'esprit de Colbert, fait présumer la fraude ; elle oblige les commerçants à être particulièrement rigoureux. Cependant, les juges disposent d'un pouvoir d'appréciation des faits : ils peuvent, en effet, écarter la banqueroute qui n'est pas automatique, et refuser de la prononcer si l'entrepreneur avance une juste cause d'exonération (disparition par un élément extérieur…).

B. Les peines attachées à la banqueroute
1. Généralités

À l'instar de la faillite, la procédure de banqueroute est jugée par les juges ordinaires, notamment parce qu'elle fait intervenir le droit criminel. Avant 1715, tout créancier peut requérir que son débiteur soit frappé de banqueroute. De 1715 à 1721, seule la majorité des créanciers peut agir contre le débiteur insolvable, afin d'éviter qu'un seul créancier ne déclenche cette procédure.

L'infraction de la banqueroute est considérée comme grave « *en tant qu'elle blesse essentiellement la bonne foi qui est l'âme du commerce, en même temps qu'elle entraîne la ruine des familles* », écrit le criminaliste Muyart de Vouglans.

2. Les sanctions

La monarchie tient compte des États généraux qui, dans la seconde moitié du XVIe siècle, dénoncent des enrichissements scandaleux aux dépens d'honnêtes familles. Il fallait donc frapper sévèrement les banqueroutiers. Un édit de mai 1609 porte peine capitale (que reprend l'art. 12 du titre XI de l'Ordonnance de commerce). Néanmoins, cette sanction est rarement appliquée. Les peines sont surtout afflictives et corporelles : les galères (après 1748, les travaux forcés), le carcan, le pilori, le bannissement, l'amende honorable, cérémonie spectaculaire puisqu'elle fait intervenir un cérémonial religieux et public : l'impétrant reconnaît avoir commis une faute et provoqué des préjudices ; il fait « *amende honorable* » et confesse ses torts. Il est habillé en chemise, pieds nus, est à genoux, la corde au cou et porte un écriteau sur lequel est écrit « *banqueroutier frauduleux* », tenant en main une torche ardente. Pour éviter une cérémonie aussi humiliante, les banqueroutiers prennent la fuite et changent d'identité.

Ainsi, en 1783, une boulangère de Besançon et son époux fuient avec les biens du commerce (60.000 livres, valeur énorme pour l'époque). Le parlement de Besançon, par coutumace, la condamne à la pendaison, lui à trois ans de bannissement.

En 1791, le Code pénal frappe le banqueroutier d'une peine de six ans de fer. Quant aux complices (hommes de paille, créanciers fictifs), ils sont punis de peines pécuniaires.

PARTIE IV.
LE DROIT DES AFFAIRES AUX XIXe-XXe SIÈCLES

Chapitre 1 La rigueur du régime napoléonien à l'égard du commerce
Fiche 21 Moderniser le droit des affaires : le code de commerce de 1807
Fiche 22 Revoir le crédit et la monnaie : la Banque de France

Chapitre 2 Le développement de l'épargne et du crédit
Fiche 23 La banque et la caisse des dépôts
Fiche 24 L'assurance et les mutuelles

Chapitre 3 Revoir le droit des affaires : essor et droit comparé
Fiche 25 Réformer la faillite et le droit des sociétés
Fiche 26 Le fonds de commerce
Fiche 27 La publicité légale et le registre du commerce

Une fois lancé le principe de la codification du droit français (1791), les codes se succèdent les uns après les autres, en commençant par le Code des délits et des peines. En 1807, c'est au tour du Code de commerce d'être promulgué. Mais très vite, on s'aperçoit de ses insuffisances, d'où une législation des affaires qui s'étoffe en dehors du code. Apparaissent des activités essentielles telles que la banque et l'assurance, et des éléments majeurs de la vie des affaires comme que le fonds de commerce, la publicité légale et le fonds de commerce.

Fiche 21 MODERNISER LE DROIT DES AFFAIRES : LE CODE DE COMMERCE DE 1807

La rédaction du Code de commerce n'est pas neuve ; elle reprend, en effet, les principaux traits de l'Ordonnance de 1673, celle de 1681 sur la marine et le projet Miromesnil. L'ouvrage traite plus des activités commerciales que du commerce, c'est-à-dire qu'il s'occupe plus du commerçant et de l'activité commerciale que du commerce en général. La vision est plus individualiste, moins générale et corporative.

La Révolution a fait « *table rase de l'édifice* ». En effet, les sociétés de capitaux sont considérées comme des contre-pouvoirs occultes, donc une menace pour le Pouvoir politique. Elles sont alors dissoutes sur la base d'un décret de la Convention (août 1793). Après les errements de la Terreur, le Directoire les a laissées se rétablir de manière quelque peu anarchique. Par conséquent, il faut, dans l'esprit du législateur napoléonien, remettre de, l'ordre et construire un droit adéquat et protéger les épargnants. En outre, pour les juristes, la rédaction du code de commerce permet d'insérer dans les textes de loi les originalités de la doctrine et de la jurisprudence.

Si le code de 1807 présente l'aspect d'une codification inaboutie (I), les dispositions relatives aux difficultés des sociétés sont les plus marquantes (II).

I. Le code de commerce de 1807 : une codification inachevée et bâclée

A. Rédaction du code de commerce

La rédaction du Code de commerce est particulièrement difficile. Deux projets sont successivement élaborés – seul le second est retenu. Ce code, le plus mauvais de tous, est le résultat de deux conceptions antinomiques du droit des affaires. La première considère que les affaires sont un monde périlleux et dangereux - autant pour la morale publique que pour les épargnants. Cette même pensée témoigne de la méfiance de civilistes envers les commerçants, considérés avec crainte - sinon avec mépris - d'où une vision rigoureuse du commerce. Bonaparte épouse cette conception et lui donne corps : il oblige les législateurs à consacrer ses idées dans le Code.

En revanche, la seconde conception se veut plus ouverte ; elle n'envisage pas le commerce comme une exception et un danger, mais comme une richesse pour l'État et pour les Français. Ses partisans s'appuient sur la concurrence économique qui oppose la France à ses voisins - particulièrement l'Angleterre.

Le premier projet dit Gorneau de l'an XI (1803) prévoit un seul type de société : la société anonyme, constituée avec l'autorisation du gouvernement (comme c'est le cas en Angleterre). Un seul article y est consacré, ce qui fait bondir les tribunaux de commerce et les chambres consulaires, plus attachés aux commandites. Pour le gouvernement, l'idée est toute autre : la disposition sert à protéger les épargnants et à lutter contre la fraude. En fait, Gorneau s'est largement inspiré des idées du projet Miromesnil.

L'un des collègues de Gorneau, Vital Roux – futur régent de la Banque de France -, négociant à Lyon, est novateur. Il préconise l'émergence d'un droit public des affaires et un code de commerce qui soit rédigé par des praticiens et des commerçants. Selon lui, le Code devant être « *la constitution du commerce qui renferme les principes fondamentaux* ».

B. La discussion au conseil d'état-les défauts du code

Le projet de code est discuté au conseil d'État qui lui consacre 61 séances. Napoléon assiste à celles relatives à la faillite. Le code est divisé en 4 titres (*Du commerce en général*, *Du commerce maritime*, *Des faillites et banqueroutes*, *De la juridiction commerciale*) et comprend 644 articles. Le président de la section de l'intérieur du conseil, Régnauld de Saint-Jean-d'Angély s'est chargé de sa rédaction. Le texte est promulgué le 15 septembre 1807 et prend effet au 1er janvier 1808.

Trois défauts apparaissent comme essentiels :
- d'abord, des pans entiers de l'action économique sont occultés (banque, assurances) ;
- ensuite, la constitution des sociétés repose sur des schémas conceptuels dépassés : autorisation gouvernementale des sociétés anonymes, non-obligation de libération du capital (d'où abus et scandales financiers), possibilité de distribution de dividende sur le capital (sociétés fictives), montant nominal de l'action trop élevé, absence de moyens de contrôle de l'Assemblée générale sur les dirigeants sociaux ;
- enfin les moyens de paiement restent traditionnels : le chèque (qui existe en Angleterre comme moyen de paiement) est oublié.

Nombre de dispositions sont en décalage complet avec les précédentes codifications. Le texte se borne à reprendre des dispositions dépassées et laisse de côté les actes de commerce. Toutefois, la jurisprudence, les usages du commerce, des retouches législatives vont suppléer à ses insuffisances jusqu'à la survenance de la grande loi de 1867.

II. Les difficultés des commerçants
A. Une vision rigoureuse de la faillite
1. La volonté impériale

Sur cet aspect, le code constitue un véritable retour en arrière ; il crée un fossé entre les Français et l'entreprise. Les rédacteurs du code sont influencés - trop - par Napoléon, qui exige la sévérité à l'égard des commerçants en difficulté. Bonaparte est en effet marqué par le spectacle affligeant de ces financiers véreux (Ouvrard, Desprez...), fournisseurs aux armées, qui s'enrichissent sur le dos de l'État, se déclarent en faillite puis ressuscitent leurs affaires. Les scandales de l'affaire des piastres, survenue en 1805-1806, où des financiers français ont mis la Banque de France au bord de la faillite, a suscité la violente réaction de l'empereur qui exige que soient sévèrement sanctionnés les difficultés des sociétés dues aux fautes des dirigeants d'entreprises.

2. La mise en œuvre de la faillite

Les biens du failli sont provisoirement saisis au profit des créanciers, jusqu'à ce que le tribunal ait statué sur le sort de la société. Le failli conserve leur propriété jusqu'au jugement qui clôt la procédure. Dans la faillite, l'épouse perd les avantages matrimoniaux consentis par son mari. On craint que ces faveurs soient prises sur la masse des créanciers. Le juge-commissaire – l'un des juges du tribunal de commerce désigné par ses pairs –se consacre à cette mission particulière : il surveille le déroulement de la procédure et veille à l'information des créanciers. La procédure débute par un jugement déclaratif de faillite ; il permet de fixer la date du début de la faillite et le sort des actes passés après. La difficulté consiste dans le coût de la procédure, et du rôle contesté occupé par le syndic de faillite (qui a laissé des souvenirs inégaux).

Du point de vue pénal, les articles du code sont atténués par rapport aux souhaits de Napoléon. Celui-ci exigeait que sitôt la faillite proclamée, le failli soit immédiatement incarcéré et dessaisi de la propriété de ses biens. On a envisagé que la faillite soit étendue à l'épouse du failli et qu'elle soit contrainte de se dépouiller de ses biens au profit des créanciers du mari. Cette rigueur extrême est écartée par le conseil d'Etat. Dans le code, la faillite s'accompagne de la peine de la contrainte par corps : le failli est jeté en prison pour dettes, même s'il peut l'être chez lui avec des gardes du commerce, qu'il doit rémunérer. Le failli simple – malheureux en affaires – est frappé de plusieurs déchéances sévères, tant civiles que publiques. Il perd sa qualité de commerçant, celles d'électeur et d'éligible, ne peut entrer en Bourse ou dans un tribunal de commerce, est déchu du port de ses décorations, est exclu de certains métiers…

B. La distinction entre les deux formes de banqueroute

La faillite peut se transformer en banqueroute simple ou frauduleuse. Un seul des créanciers peut l'invoquer devant les juges, ce qui leur confère un pouvoir redoutable. Cette disposition est l'un des abus du code, qui malmène les commerçants malchanceux.

1. La banqueroute simple

Elle est constituée d'opérations de pur hasard, rationnellement discutables du point de vue des affaires : dépenses personnelles excessives, la revente de marchandises à perte ou en dessous de leur cours du marché, prélèvements sur la caisse sociale… Cette banqueroute a des conséquences désastreuses pour l'image du commerçant : il encourt pour ce délit une peine de 1 mois à 2 ans de prison.

2. La banqueroute frauduleuse

Elle relève de la cour d'assises car c'est un crime. Elle est passible d'une peine de travaux forcés à temps jusqu'à 30 ans. La banqueroute frauduleuse est le fait de soustraire des livres comptables, d'exagérer le passif (inventer des dettes imaginaires au profit de créanciers de connivence), de détourner ou de dissimuler l'actif (le vol de biens sociaux). Toute banqueroute empêchait la possibilité d'un concordat entre les créanciers et les débiteurs.

Si le code est très décrié en France, il est appliqué dans l'Empire français, ainsi que chez ses alliés - tel que le grand-duché de Varsovie. Ensuite, apparaît ce qu'on appelle la décodification : de plus en plus, le droit des affaires sera en dehors du code (droit des sociétés, faillite, fonds de commerce…). Il faut attendre 1999 pour que le gouvernement procède, par ordonnance, à l'adoption d'un nouveau code de commerce (avec plus de 1.300 articles) qui s'appuie sur neuf livres. Ce code est appliqué à la fin de l'an 2000.

Fiche 22 REVOIR LE CREDIT ET LA MONNAIE : LA BANQUE DE FRANCE

C'est dans un contexte de sortie de la Révolution qu'est créée la Banque de France. La Révolution supprime la Caisse d'Escompte, accusée d'être aux mains de contre-révolutionnaires. Quand Bonaparte prend le pouvoir (novembre 1799), les choses commerciales changent d'aspect. En matière financière et commerciale, deux mesures importantes sont vite adoptées. La première consiste à adopter une monnaie forte, qui prend la suite de la monnaie-papier (l'assignat), qui présente le défaut d'être refusé par les commerçants et d'être dévalorisé. La seconde mesure crée une banque centrale sur les modèles étrangers et protestants (Angleterre, Pays-Bas).

On présentera sa création (I), puis son fonctionnement et ses missions (II).

I. Sa création
A. La fondation par la loi de 1800 (an VIII)
1. Tirer la leçon du passé : les vœux de Bonaparte

Grand lecteur et fin connaisseur de l'histoire, Bonaparte cherche à éviter la réédition des erreurs du passé. C'est pourquoi il impose que la banque centrale soit une société privée (qui le sera au moins jusqu'en 1945), qu'elle soit indépendante du pouvoir politique, pour éviter que l'expérience désastreuse de Law ne se répète (1720). En second lieu, il fallait donner aux commerçants, un institut d'émission solide qui répondrait aux attentes en matière d'épargne, de crédit, d'escompte et de monnaie (cf. *infra*). La Banque s'installe dans les locaux de l'ancien contrôle-général des finances, ex-Hôtel de Toulouse (Paris), dans le quartier de la finance.

2. Des statuts de société anonyme protecteurs du public

Le 6 janvier 1800, les statuts de la Banque de France sont adoptés, 130 ans après ceux de la banque d'Angleterre. Le capital de la banque est de 30 millions de francs, divisé en actions de 1.000 francs (porté à 45 millions en 1803, à 90 en 1806).

Cela a pour conséquence une restriction de l'actionnariat : 200 personnes contrôlent 50 % du capital, qui sont celles qui ont pris le risque d'y investir ; c'est le mythe des « *200 familles* ».

B. L'aménagement survenu en 1806

Si la banque de France est libre dans sa gestion, un revirement de situation apparaît en 1805. Là, un grave scandale politico-financier dit « *l'affaire des Piastres* » menace de l'emporter. Sont concernés le ministre des Finances Barbé-Marbois et les principaux financiers de l'époque (Ouvrard, Desprez, Séguin…). Ces financiers avaient spéculé sur l'arrivée de piastres espagnoles venues du nouveau-monde, mais ils avaient été mis en difficulté et la Banque de France, intervenue en leur faveur, s'était elle-même mise en grande difficulté (elle avait puisé dans sa trésorerie). L'institution bancaire est sauvée par l'intervention financière du gouvernement – et donc l'argent des contribuables.

Lorsque Napoléon apprend la nouvelle, il exige le châtiment des coupables, et fait adopter la réforme des statuts de la banque. L'État prend ses précautions juridiques pour qu'une telle situation ne se renouvelle pas. La réforme de 1806 impose la présence d'un gouverneur et de deux sous-gouverneurs nommés par le chef de l'État. Ils ont un rôle de surveillance sur la banque.

II. Son fonctionnement et ses missions
A. Des missions capitales pour le monde des affaires

1. L'escompte des effets de commerce
Cette mission est classique ; elle a déjà été conférée à la banque de Law, puis à la Caisse d'escompte en 1776. Il s'agit de procurer à l'économie des crédits à court terme, en échange des moyens de paiement tels que les lettres de change. En règle générale, les effets de commerce sont conservés trois mois et, éventuellement, renouvelés pour la même période. Pour éviter des impayés, la banque n'escompte que certains effets, notamment ceux portant trois signatures et plus. En 1806, la Banque escompte 700 millions de francs d'effets.

2. L'émission du franc français
La loi du 17 germinal an XI (1803) réforme le franc, et créée les conditions favorables à l'établissement d'une « *bonne monnaie* ». Jusqu'à la Grande guerre en effet, un franc équivaut à 322,5 mg d'or (tradition remontant aux Carolingiens), et chaque particulier peut échanger un billet aux guichets des succursales de la banque contre de l'or. La banque se voit confier pour 15 ans renouvelables le privilège d'émission de la monnaie (mai 1800). Ce privilège est prorogé jusqu'en 1936 (1800-1936, 136 ans).

B. Son fonctionnement
1. Une société privée surveillée par l'État
Dans son fonctionnement, la Banque ressemble à n''importe quelle autre entreprise privée. La banque est administrée par un conseil de quinze régents, surveillés par trois censeurs. 200 familles forment le gratin des affaires : on y trouve de riches industriels, des financiers (les Wendel…). Les statuts disposent qu'ils soient les seuls convoqués à l'assemblée générale annuelle des actionnaires (les porteurs de part sont enregistrés sur un *Registre* tenu par la Banque). Cette disposition a pour objet d'éviter le tumulte d'une assemblée pléthorique.

2. La modification survenue sous le Front populaire

Cette clause perdure jusqu'en 1936, lorsque le gouvernement de Léon Blum modifie les statuts inchangés de la Banque depuis 1806. Il faut préparer la dévaluation du franc (il y en aura quatre successives en trois ans) et l'État prend le contrôle de la Banque en conservant l'actionnariat privé. C'est une prise de contrôle sans mise de fond : les pouvoirs publics changent les règles du jeu en évinçant les actionnaires de la gestion de la société. Seuls 2 membres du conseil général sur 24 sont nommés par les actionnaires privés, les autres le sont par les pouvoirs publics.

Après la Seconde guerre mondiale, en 1945, les actionnaires privés sont expropriés moyennant indemnité : la Banque devient alors une société dont le capital est entièrement public.

Chapitre 2 Le développement de l'épargne et du crédit

Fiche 23 La banque et la caisse des dépôts
Fiche 24 L'assurance et les mutuelles

Du point de vue des affaires, la France reste un pays agricole. Cela étant, elle se lance dans le capitalisme et entame sa révolution industrielle au milieu du XIX^c siècle. Le droit des affaires conduit à donner au capitalisme les moyens juridiques de son développement. Dans trois secteurs, la construction d'une l'économie moderne est possible, notamment dans la banque et l'assurance.

Fiche 23 LA BANQUE ET LA CAISSE DES DEPOTS

I. La banque

A. Les établissements de dépôt, d'escompte et de crédit

1. L'existence de banques d'affaires/de gestion patrimoniale

La forme sociale de ces établissements est imposée par la loi : c'est la société anonyme, en raison des capitaux nécessaires à son fonctionnement et pour la meilleure protection de ses actionnaires. Pour cette raison, la banque est étroitement contrôlée par les pouvoirs publics car elle fait appel public à l'épargne. Ces établissements, outre le métier de change, proposent aussi l'accès au crédit, à l'escompte et au dépôt, quatre services essentiels pour l'économie. Mais ces établissements possédés par des particuliers (Perregaux, Rothschild…) sont réservés à une clientèle élitiste.

2. L'escompte

C'est le rachat des effets de commerce du marchand par le banquier qui, en échange de ce service, perçoit une commission. L'escompte reflète l'importance des effets de commerce (billets à ordre, traites, lettres de change…) qui circulent dans les milieux industriels et commerciaux et qui offrent un crédit à court terme (inférieur à deux ans).

Le rachat des effets de commerce est un procédé connu, mais difficile en France : le marchand cherche à se faire payer de ses ventes, mais aussi à contracter loin de son domicile. Or la France, depuis la chute de la Banque royale (1720, cf. fiche 14), ne dispose pas d'un établissement capable d'offrir des prestations à des conditions intéressantes sur tout le territoire.

La situation s'améliore au XIXe siècle : la Banque de France créée en 1800 (cf. fiche 22) propose bien l'escompte, mais avec des conditions sévères (signature de trois marchands réputés, avec échéance maximale de trois mois). Son taux d'escompte passe de 6 à 4% (puis 2,5% en 1869). Les effets de commerce progressent au fil du temps (une multiplication par trente) et atteignent des montants très élevés (40 milliards de franc-or en 1910, pour 32 milliards de PNB). Développement commercial intérieur et la hausse du commerce extérieur expliquent tous deux cette croissance très forte. Le fisc y trouve son avantage : les effets sont soumis à un droit de timbre depuis 1842.

Une impulsion décisive intervient en 1848-1849 : le gouvernement de la jeune république cherche à résoudre la grave crise financière et industrielle, en soutenant la création de dizaines de comptoirs nationaux d'escompte. Désormais, l'escompte ne se limite plus à Paris ; il essaime en province et devient un espace plus concurrentiel.

En moyenne, les effets de commerce sont à échéance de 67 jours ; ils sont en général à 90 jours pour ceux supérieurs à mille franc-or (1912).

3. L'émergence de banques généralistes/spécialisées

Dès 1851, le Second Empire s'efforce d'encourager la naissance d'établissements de crédit plus adaptés aux classes moyennes ; des banques ouvertes à toutes les catégories sociales ouvrent leurs portes. Elles doivent à la fois collecter l'épargne et la réinvestir dans l'économie, sous la forme de prêts aux ménages et aux entreprises. Certaines de ces banques deviennent célèbres, tel le Crédit Lyonnais (apparu en 1863), qui est en 1913 la première banque mondiale en termes de dépôts.

D'autres établissements sont spécialisés sur un créneau précis : financement de l'immobilier (Crédit Immobilier de France), les meubles (Crédit Mobilier).

Enfin, certains établissements sont fondés sur l'idée du client-associé telle que les banques coopératives, mais avec peu de succès.

4. Des banques contrôlées

La protection des épargnants et la solidité du système bancaire sont deux priorités des pouvoirs publics. Il faut éviter que les engagements de la banque à long et moyen termes (les crédits) ne fragilisent la masse des dépôts, déposés à court terme par les épargnants. En cas de doute sur la solidité de la banque, les déposants peuvent retirer leur épargne et c'est la chute immédiate de la société. Pour ne pas avoir respecté de principe de prudence, des banques s'écoulent, telle l'Union générale (1882). Cela traumatise les épargnants, parfois mal conseillés. Il faut donc réagir.

Les pouvoirs publics renforcent donc leur pouvoir de contrôle au fil du temps (vérification permanente des engagements financiers…) ; de nos jours, l'Autorité de Contrôle Prudentiel dispose de pouvoirs d'enquête, de surveillance et de sanction. En cas de mauvaise gestion d'un établissement de crédit, l'ACP peut révoquer les administrateurs et imposer des mesures de sauvegarde.

B. Les Caisses d'Épargne

En 1818 est créée la Caisse d'Epargne de Paris par deux financiers philanthropes, le duc de La Rochefoucauld et Delessert. L'idée consiste à collecter l'épargne publique auprès des particuliers, à la protéger de toute fraude et à leur verser un intérêt. Conserver un dépôt en échange du versement d'une petite rente, telle est la mission de cette société.

Ces établissements sont ouverts le dimanche (jusqu'en 1832). Cette épargne, sûre, est aussi disponible à tout moment : elle peut être débloquée pour régler une facture, payer des soins, à une époque où les droits sociaux sont presque inexistants (retraite, chômage, maladie…). C'est l'émergence de la notion de prévoyance.

L'épargne privée est bientôt érigée en vertu populaire (Guizot proclame « *Français, enrichissez-vous par le travail et par l'épargne* »). À ce titre, l'épargne placée dans un livret d'épargne n'est pas soumise à l'impôt. Liquidité, sécurité, fiscalement exemptée, l'épargne placée dans une caisse est auréolée de préjugés favorables.

Seconde idée, celle qui consiste à organiser une charité organisée : les caisses consacrent une partie de leurs recettes à financer des œuvres d'intérêt général (ex. associations de recherche contre le cancer, prestations aux pauvres…). En 1900, il existait 550 caisses sur toute la France pour 7 millions de livrets (montant moyen : 500 francs-or).

Les fonds d'épargne sont investis en titres d'État, réputés sûrs. La loi du 31 mars 1837 oblige les caisses d'Epargne à centraliser leurs fonds à la Caisse des dépôts. Cette obligation sert à protéger les épargnants et à permettre aux pouvoirs publics d'utiliser cette épargne dans des buts d'intérêt général.

II. La caisse des dépôts et consignations
A. Apparition et missions initiales

C'est au début de la seconde Restauration (1816) qu'est créée la Caisse des dépôts et consignations. Elle donne naissance à un géant financier dont la pérennité est assurée par l'État. Pour ce faire, les notaires ont l'obligation de verser les fonds dont ils ont la gestion à la Caisse, qui centralise une partie de l'épargne française. Sont aussi concernés les biens placés sous séquestre ou bien litigieux, les cautions des officiers ministériels ou les comptables du Trésor. Ainsi donc, l'épargnant comme des particuliers sont préservés de toute spéculation des personnes auxquelles il confie son épargne. Les sommes liquides sont placées par la Caisse en emprunts du trésor, en parts de sociétés…

B. L'élargissement de ses missions

En 1905, une loi décide que l'une des missions prioritaires de la Caisse sera désormais de financer le logement social. On rencontre d'abord les Habitations à baux Modérés

(HBM), puis les Habitations à Loyers Modérés (HLM). Aujourd'hui encore, la Caisse dispose de centaines de milliards d'euros d'encours de livret A.

En raison de son importance, le directeur-général de la Caisse des dépôts est nommé par le chef de l'État ; sa surveillance est confiée au parlement, à une commission qui contrôle les activités de la caisse. Sa présidence est confiée à un membre du parlement.

Fiche 24 L'ASSURANCE ET LES MUTUELLES

Depuis l'Antiquité, les acteurs du monde des affaires n'ignorent rien du mécanisme de l'assurance. Néanmoins, elle est surtout répandue dans l'activité maritime. Au 19ᵉ siècle, ce secteur de l'assurance connaît un bel essor (I). Cette activité est alors régulée par un droit particulier (II).

I. La création de compagnies d'assurances
A. Des essais infructueux

Au XVIIᵉ siècle, des scientifiques s'y sont intéressés (ex Blaise Pascal pour le calcul des probabilités ou Bernoulli pour *L'art de la conjoncture*).

Sous Louis XVI, des essais sont tentés pour couvrir d'autres risques que ceux du transport maritime. C'est l'époque où des banquiers étrangers (suisses, notamment, tels Clavière et Delessert) se lancent dans l'assurance, de façon à diversifier leurs activités et à trouver de nouveaux clients pour leurs affaires. Sont ainsi créées deux sociétés d'assurances : une sur la vie (*Royale Vie*), une autre sur l'incendie (*La Royale Incendie*).

Des financiers cherchent à accompagner la naissance de la Révolution industrielle ; les machines, désormais, permettent de moderniser des pans entiers de la société en facilitant la vie des hommes et surtout des urbains. Ainsi, des pompes à eau, mues par la vapeur depuis la colline de Chaillot, permettent de puiser l'eau dans la Seine et d'installer des pompes à incendie dans les rues de Paris.

Toutefois, ces compagnies n'ont pas le succès espéré : d'abord, leur création est trop récente et le secteur est peu encadré ; en second lieu, il n'existe pas de tables statistiques pour apprécier le risque. La Révolution met un terme à ces compagnies d'assurances ; il faut attendre la fin des guerres européennes pour les voir renaître.

B. L'existence des tontines

Le système des tontines est connu des Français ; il consiste à assurer des personnes en spéculant sur la date de leur décès (ce qui se rapproche du viager). Ce système est un moyen de couvrir sa retraite qui, à l'époque, s'accompagne de l'absence de revenus (hormis les fonctionnaires et les anciens miliaires). Le moyen consiste à se grouper à plusieurs et de verser dans une caisse commune des cotisations. Parfois, ces tontines sont créées par des financiers par contrat notarié. Ceux qui survivent percevront, seuls, les fonds en caisse à partir d'un âge décidé à l'avance d'un commun accord des cotisants : 60, 65 ans… Les rescapés (l'espérance de vie est de 35 ans à la naissance) jouiront donc du capital constitué.

Du fait de l'ingéniosité de ce système de la tontine, plusieurs reçoivent des marques d'intérêt du public : elles constituent en effet une source d'investissement mobilière intéressante. Cela pallie l'absence d'un système moderne d'assurance sur la vie ou de retraite. La plus célèbre est la « *tontine Lafarge* », créée sous l'Ancien régime, et qui groupe 116.000 actionnaires au début du XIXe siècle (elle est supprimée en 1888). Les tontines d'État sont célèbres pour la fraude qu'elles entraînent. En 1802, sous le Consulat, on vérifie les bénéficiaires et on s'aperçoit que la plupart d'entre eux était décédée, mais leurs proches continuaient de percevoir indûment des pensions.

II. L'apparition d'un droit des assurances

Elle résulte de Français émigrés en Angleterre sous la Révolution et qui sont formés aux dernières techniques, à la fois mathématiques et commerciales ; ils implantent celles-ci en France. Outre-manche, les assurances sont déjà bien développées ; elles offrent des placements avantageux et des alternatives aux risques de la vie (décès, accident, maladie, vieillesse). À une époque où les droits sociaux sont inexistants, ces assurances permettaient de se prémunir contre un risque, d'autant que la France est un pays réputé pour sa solvabilité. L'Angleterre a ainsi créé un géant mondial de l'assurance (la *Llyod's*).

A. Les mutuelles

Contrairement aux sociétés d'assurances, elles ne recherchent pas le profit et sont dites *intuitu personae* : les mutualistes se connaissent tous, ce qui permet d'assurer une garantie collective des risques. Leur essor est encouragé par le gouvernement parce qu'elles répondent à un réel besoin : s'assurer contre la survenance d'un risque. Le plus souvent, elles rassemblent des propriétaires d'immeubles (risque incendie, dégradations, ...). Entre 1809-1830, une trentaine est ainsi créée. Rapidement, elles étendent leurs activités à la couverture des calamités agricoles, la mortalité du bétail, la garantie des risques locatifs, la responsabilité civile...

Cependant, leur fonctionnement est primaire car il est annuel : à la fin de l'exercice, on procède au calcul des comptes : si des sinistres surviennent, ils sont répartis à égalité entre les mutualistes. Dès lors, les primes varient fortement d'une année sur l'autre. Vers 1835, les mutuelles annualisent leurs primes et constituent des réserves, en prévision d'années difficiles.

B. Compagnies d'assurance à prime fixe

Pour ceux que les mutuelles n'intéressent pas, il existe des compagnies à but lucratif. Pas de philanthropie chez elles, mais un but purement commercial – ce qui explique leur nationalisation en 1945. Elles sont créées par des banquiers issus de la haute finance (Laffitte, Rothschild). Dès 1818, leur création est autorisée à condition d'obtenir une autorisation gouvernementale et leur forme sociale est obligatoirement celle de la société anonyme. Elles rassemblent un énorme volant de trésorerie pour faire face aux sinistres. La compagnie doit être particulièrement prudente dans l'emploi de ces fonds et constituer des réserves. Elle prélève des primes pour bien couvrir les sinistres assurés. Les bénéfices sont distribués entre ses actionnaires. Au XIXe siècle, ces sociétés émettent des titres considérés comme des placements de « *bons pères de familles* » ; ils rapport nt 3% nets.

C. Le développement de l'assurance

On a parlé d'une fin de la responsabilité individuelle classique, dans la mesure où l'assurance tend à indemniser l'aléa dans nombre de domaines : transports individuels et collectifs, santé, habitation...

Il faut attendre le Second Empire pour voir apparaître une vraie concurrence : des groupes étrangers sont autorisés à s'implanter en France. Le consommateur peut donc faire jouer les tarifs et les prestations.

Enfin, l'assurance permet de couvrir l'un des risques les plus coûteux, celui lié aux automobiles. Quant à l'assurance liée aux accidents du travail, elle découle de l'action de Napoléon III : celui-ci crée l'assurance de ce risque pour mieux protéger les travailleurs de l'essor du machinisme (1864-1865). Une génération plus tard (1898), ce risque devient obligatoire, financé par des retenues sur salaires et par des cotisations patronales. C'est, de nos jours, la seule branche de la sécurité sociale à ne pas être constamment en déficit.

En 1867, la loi consacre un titre spécial (titre V) aux compagnies d'assurances. Par dérogation, elles sont soumises à un régime spécial qui encadre leur conseil d'administration : il faut éviter qu'elles prennent des risques financiers excessifs. En 1905, une loi encadre plus étroitement leur activité : des faillites sont intervenues et ont alerté l'opinion. Sont rendues obligatoires des réserves de garantie, l'immobilisation de l'actif en immeubles, la création des commissaires contrôleurs ; les compagnies investissent leurs réserves dans des bâtiments qu'elles louent et qu'elles revendent après quelques années ; elles souscrivent aussi aux emprunts d'État.

Désormais, de nouveaux champs sont ouverts à l'assurance : le risque médical, le terrorisme, les catastrophes naturelles, le défaut d'assurance de conducteurs (FGAO), les instances judiciaires… Aussi bien le domaine de l'assurance devient-il important dans le monde des affaires.

Chapitre 3 Revoir le droit des affaires : essor et droit comparé

Fiche 25 Réformer la faillite et le droit des sociétés
Fiche 26 Le fonds de commerce
Fiche 27 La publicité légale et le registre du commerce

Depuis la codification du droit des affaires entreprise par Napoléon, les chefs d'état qui lui succèdent sont plutôt timorés : ils n'osent toucher au monument juridique et politique que constituent les codes. Le droit des affaires, moins prestigieux, n'est donc pas aussi inaccessible que son grand frère. Dès les années 1820, on perçoit la nécessité de le refondre sur certains points : essor d'activités non prévues en 1807, lourdeur de la création des sociétés anonymes, excessive rigueur des difficultés des entreprises et des commerçants…

Mais le législateur de l'époque est prudent : il faut plusieurs générations avant que le droit ne commence à bouger, même si certaines retouches sont apportées dès le règne de Louis-Philippe jusqu'à celui de Napoléon III. Sont concernés au premier chef la faillite et le droit des sociétés.

Fiche 25 REFORMER LA FAILLITE ET LE DROIT DES SOCIETES

I. La faillite
A. Un droit excessivement rigoureux

Le droit français des faillites reste marqué par la rigueur du code de commerce napoléonien. Balzac, dans *César Birotteau*, évoque sa sévérité, dans une conspiration où la jalousie envers un honnête commerçant provoque sa déconfiture.

Elle provient du mépris affiché par Bonaparte envers le commerce et les négociants sous la Révolution française. En 1805-1806, des négociants (notamment le célèbre Ouvrard) spéculent sur des monnaies et, victimes de leur audace (la spéculation est un échec), se déclarent en faillite et conduisent l'État au bord de la banqueroute. Ces spéculateurs sont donc condamnés à réparer le préjudice qu'ils ont causé ; ils sont alors incarcérés près de 7 ans. Des scandales d'enrichissement rapide, des spéculations hâtives et malhonnêtes contribuent à nourrir un sentiment populaire de répulsion. Dans un accès de colère, le Premier consul Bonaparte assimile les commerçants à des « *voleurs et à des rapaces* ». Le droit se doit d'être rigoureux à leur endroit.

Le droit positif n'incite pas à prendre des risques : sa rigueur conduit le commerçant à subir de vives conséquences quand il est failli, qu'il soit de bonne foi ou non.

B. La nécessité d'une réforme à partir du modèle juridique britannique
1. Les principes du droit anglais

En Angleterre, la situation juridique du failli est bien différente de la France. En effet, le droit est le témoin d'une continuelle volonté d'adaptation aux demandes du monde des affaires. Il est marqué par l'adoucissement des sanctions sur le failli.

C'est par un *Act* de 1706 que commence l'évolution juridique ; ce texte considère que les commerçants insolvables ne sont pas des criminels, mais leur permet d'être déchargés de leurs engagements en obtenant un certificat de leurs créanciers. Des textes ultérieurs adoucissent la faillite : réduction de la durée de l'emprisonnement pour dette, encouragement à la délivrance de certificats de créanciers. En 1825, une loi autorise le débiteur insolvable à demander lui-même sa mise en faillite ; en 1831, est constituée une cour des faillites (*Bankruptcy Court* à Westminster) chargée de surveiller les syndics officiels. Mais un mouvement inverse s'esquissa en 1869, laissant plus de liberté aux syndics, ce qui conduisit à la loi de 1883 : rétablissement d'un contrôle judiciaire sur les actes des syndics, procédure préalable d'examen des affaires du débiteur.

2. L'évolution du modèle français

En France, on part de la peine de mort à l'encontre des banqueroutiers frauduleux (1673). En 1838, une réforme est votée par le parlement avec deux mesures phares :
- l'incarcération du failli n'est plus systématique ;
- les opérations de liquidation sont simplifiées, pour éviter lourdeur et frais excessifs. La banqueroute simple permet la conclusion d'un concordat entre débiteur et créanciers. Apparaît la nouvelle procédure de clôture pour insuffisance d'actif, qui accélère les choses et réduit les frais.

En 1867, une seconde amélioration abroge la contrainte par corps (sauf pour dettes fiscales). En 1889, une loi créée la liquidation judiciaire, qui abrège les formes et réduit les frais.

II. Le droit des sociétés

A. Un droit rigoureux, reflet d'une conception dépassée de affaires

Cette idée est particulièrement nette et elle porte préjudice à la volonté d'entreprendre des Français. Les formes sociales sont très contrôlées et peu nombreuses ; elles sont surtout adaptées à une société rurale où les sociétés commerciales sont de taille modeste. Le droit des sociétés entrave l'émergence de grandes sociétés de capitaux.

Les sociétés anonymes autorisées par décret en conseil d'Etat sont désavantagées : entre 1807 et 1867, seules 651 sociétés de ce type sont créées. La plupart est créée dans les chemins de fer, les canaux, les mines et les assurances ; elles peuvent recourir à l'épargne publique. En revanche, un tel système de recours à l'épargne n'existe pas dans la commandite, après le scandale des faillites spectaculaires et frauduleuses de commandites (1831-1837 : on a même pensé supprimer ce modèle, réputé trop dangereux pour l'épargne).

Dans la vie des affaires, deux formes sociales sont privilégiées : la société en nom collectif est présente dans le commerce et l'artisanat (le capital est faible). En revanche, l'industrie lourde et les sociétés plus importantes préfèrent les sociétés en commandite par actions ou les sociétés anonymes, qui peuvent lever des capitaux plus facilement.

B. L'évolution du droit des sociétés sous le Second Empire
1. La réforme de la loi des sociétés (de 1856 à 1867)

C'est lors du seconde Empire, très actif sur ce point, que le monde des affaires, fort de son influence auprès du pouvoir, incite les pouvoirs publics à modifier la législation relative aux sociétés. Le législateur est réticent à réformer ce droit : il craint que les épargnants ne soient floués et que l'État perde le contrôle qu'il exerçait sur les sociétés anonymes. Mais l'ouverture des frontières (cf. le traité de libre-échange avec la G.-B. en 1860, la Prusse en 1864) oblige le gouvernement à adapter son droit des sociétés. La réforme s'étend sur plusieurs vagues.

- la réforme de 1856

Elle réforme le système des commandites par actions par quatre obligations réputées protectrices des investisseurs. Est désormais obligatoire la création d'un conseil de surveillance, afin de mieux contrôler la direction de la société et l'empêcher de faire n'importe quoi. En outre, au moins le ¼ du capital social doit être versé dès la création de la société, de sorte que la fraude qui consiste à déclarer un capital élevé sans l'avoir libéré, pour inspirer confiance aux investisseurs, est désormais plus difficile. La distribution de dividendes fictifs est prohibée, cela pouvant tromper les candidats au rachat de la société. Enfin, les actions doivent être d'un certain montant, pour éviter les fraudes et la spéculation qui ruineraient les épargnants.

- la seconde réforme (1863)

Elle créé les *sociétés à responsabilité limitée* et abroge l'autorisation préalable du conseil d'État pour les sociétés anonymes. Elles changent de nom, à la condition que le capital social soit inférieur à 20 millions de francs.

- la troisième réforme (1867)

Elle est sans conteste la plus importante : elle créé un second code de commerce, codifie une partie des usages commerciaux et de la jurisprudence.

2. Les résultats de cette réforme du droit des sociétés

Elle permet d'accompagner la formidable croissance des sociétés commerciales et de l'industrie par une révolution industrielle tardive. La France s'intéresse au droit comparé et entend que son droit des affaires soit modifié à l'aune de ses intérêts commerciaux.

Fiche 26 LE FONDS DE COMMERCE

Cet élément essentiel de la vie des affaires apparaît comme une création praticienne (I), que le législateur français reconnaît plus tardivement (II).

I. Une création praticienne
A. Les débuts : les notaires
1. Apparition au XIXe siècle

Si le terme de « *fonds* » de boutique est parfois mentionné au XVIIe siècle, il suppose des éléments corporels (magasin, marchandises), et c'est bien plus tard qu'on évoque des éléments incorporels tels que l'achalandage. Dans son *Répertoire de jurisprudence*, Merlin de Douai mentionne une jurisprudence de 1761, où un commerçant de Besançon cède son fonds, qui est apporté à une société. Cela conduit à un contentieux sous le Consulat : si les juges s'en tiennent encore à un fonds ensemble de biens matériels, le commissaire du gouvernement évoque les concepts novateurs de la « *propriété morale qui sont l'achalandage et la possession de la confiance publique* » (1800).

Un formulaire de pratique notariale, rédigé en 1807 par l'auteur des *Annales du notariat* (Loret) explicite en termes précis cette technique : l'acte est une formule de vente suivie d'une analysée détaillée de l'opération.

2. Les éléments constitutifs du fonds

En réalité, le fonds se subdivise en trois morceaux :
- le fonds de commerce transmis qui est l'achalandage (parfois appelé « *pot-de-vin* » dans la pratique) ;
- les marchandises et ustensiles ;
- les créances du commerce.

Cette création paraît si prometteuse que des auteurs l'insèrent dans des ouvrages de pratique juridique. Certains juristes expliquent que le fonds est composé d'éléments immatériels tels que l'enseigne, les habitudes ou pratiques, le local. Pour Ferrière dans sa *Pratique des notaires* (un classique de l'édition juridique du XVIIIe siècle, réédité au XIXe siècle), le fonds comprend le local, l'enseigne et le contenu de la boutique.

B. Les aménagements de la jurisprudence

Les juges du commerce ont créé une jurisprudence qui, entre autres, permettait aux créanciers d'un fonds de commerce de recouvrer leurs créances dans les mains de l'acquéreur, voire la succession au nom commercial, le droit au bail.

Surtout, la jurisprudence intègre la notion d'éléments immatériels, tel que l'achalandage, comme le font les juges de Rouen (1828). En revanche, la doctrine s'arcboute encore au code de commerce, qui ne reconnaît pas la notion de fonds dans le droit positif ; elle dénie toute valeur juridique à l'immatériel.

II. La reconnaissance du fonds par la loi
A. La loi de 1898

Le législateur hésite et cite plusieurs fois le fonds de commerce, sans en préciser le statut (lois de 1838 sur la faillite, celle de 1872 sur les droits des sociétés). En mars 1898, le législateur encadre la notion de fonds de commerce ; il affine ce premier statut par des lois ultérieures : celle de 1909 consacrée au nantissement, celle de 1926 sur la propriété commerciale, celle de 1935 sur les ventes de fonds : en période de crise, la valeur des fonds s'étiole et nourrit un contentieux abondant, notamment sur la réduction partielle du prix des fonds réclamée par les acquéreurs.

Le législateur intervient en raison de la forte progression du commerce en France : son activité est multipliée par 5 en 40 ans (1850-1890), et connaît une forte croissance jusqu'en 1913 (elle double entre 1890 et 1913).

La loi affine les éléments, en distinguant l'achalandage (la clientèle attirée par le dynamisme du commerçant) du bail, où le pas-de-porte qui est lié à l'emplacement géographique.

B. Les difficultés fiscales

La loi du 22 frimaire de l'an VII, désireuse de compléter les recettes du Trésor public, crée des droits fiscaux sur nombre d'actes juridiques, notamment sur ceux portant cession en matière d'affaires : transports de créances, ventes de marchandises sont ainsi frappées de taux différents. Les cessions de fonds de commerce seront, un temps, imposées à 1%, puis élevés à 2% à la suite d'une décision de la Cour de cassation (1831). L'ampleur des droits d'enregistrement dans les recettes publiques incitent les pouvoirs publics à n'y rien changer.

Fiche 27 PUBLICITE LEGALE ET REGISTRE DU COMMERCE

De tout temps, les juristes se sont inquiétés de la fraude aux droits des créanciers et du public par des commerçants ; pour cette raison, il a été créé un système de publicité des droits (I) auquel viendra s'ajouter un registre des sociétés (II).

I. Le système de publicité légale
A. Une obligation ancienne reprise dans l'ordonnance du commerce
1. Les antécédents

C'est en Italie du nord (puis dans le sud de la France) qu'apparaissent les premières formes de publicité. En raison du rôle important de l'oral, la procédure vise, avant tout, la cession de biens réservée – en théorie – aux débiteurs de bonne foi. Ces derniers doivent suivre des rites codifiés dans des coutumes méridionales : se déshabiller, toucher une pierre ou clamer qu'ils sont hors d'état de payer leurs dettes. La publicité faite autour de ces rites invite le public à la prudence envers les débiteurs ainsi stigmatisés ou à déclarer l'état de leurs créances auprès des juges. Mieux encore, le débiteur insolvable est contraint au port d'un bonnet vert (usage d'origine italienne). Un arrêt de règlement du parlement de Paris le rend obligatoire, pour améliorer l'information du public (1582).

Il existe aussi un système d'enregistrement : les corporations – notamment italiennes - tiennent des registres où les sociétés doivent déposer leurs statuts, en échange de privilèges.

2. Une pratique étendue par la loi

L'ordonnance de 1510 impose le respect de conditions de publicité pour les cessions de biens, afin de protéger les créanciers des débiteurs en difficulté. Plusieurs coutumes (dont celle d'Auvergne) suivent cette règle nouvelle.

Désormais, par une ordonnance de 1629, les cessionnaires doivent publier la décision au greffe du tribunal de leur domicile.

Plus tard, d'autres textes élargissent cette publicité aux actes de sociétés. Ainsi, l'ordonnance de Blois (1579, art. 357) contraint les étrangers souhaitant faire du commerce en France à enregistrer leurs compagnies sur les registres des juridictions ordinaires. L'ordonnance de 1629 (dite Code Michaud, art. 414) élargit cette contrainte de publicité aux commerçants français, ainsi que les procédures en séparation de biens. Cependant, l'opposition des parlements à ce code le prive d'effectivité.

3. Sa reprise dans l'ordonnance de 1673

En France, la publicité concerne d'abord, les cessions de biens qui sont déclarés au greffe des justices consulaires (titre X, art. 1er). L'ordonnance du commerce impose aussi l'enregistrement des contrats de sociétés entre marchands et négociants au greffe des juridictions consulaires (dans son titre IV, art. 2). Si le législateur fixe un droit d'enregistrement modique, les sociétés répugnent cependant à divulguer le montant de leur capital social, sur lequel sont assis les droits de greffe. Enfin, ce texte oblige aussi les époux commerçants à divulguer les clauses matrimoniales qui limitent la responsabilité de leurs conjoints (titre VIII).

Les nobles sont, eux aussi, astreints à faire inscrire leurs noms sur un registre tenu par la justice consulaire quand ils font du commerce, dérogeant ainsi à leur statut spécial (édit de décembre 1701).

Cependant, la pratique juridique répugne à suivre les consignes de publicité. Selon elle, le droit perce le secret des affaires et livre des informations capitales au fisc ; aussi nombre de dirigeants sociaux refusent d'accomplir ces formalités. Si, en droit, les sanctions sont celles de la nullité de la société, les tribunaux l'écartent néanmoins et de ce point de vue, la publicité légale reste lettre morte. D'ailleurs, le commerce de Paris, très influent, a montré l'exemple en refusant avec opiniâtreté toute idée d'imposer l'enregistrement des statuts des sociétés (1748).

B. Perfectionnée par le code de commerce de 1807

Les rédacteurs du code reprennent nombre de dispositions de l'ordonnance de 1673 ; ils élargissent cependant les formes de la publicité en s'intéressant à la presse. Celle-ci, libre depuis l'abrogation de la censure (1788), connaît une forte hausse de sa diffusion et de ses titres. Il est vrai que depuis le XVIIIe siècle, était apparue une pléthore de petits titres locaux tels qu'*Affiches*... Dans ces titres, on exposait les ventes de fonds, les hypothèques (après leur création, en 1771) en échange de quoi les greffiers sont rémunérés pour les informations qu'ils conservent... Pareil système est repris dans le code, en soumettant les régimes matrimoniaux des commerçants à la publicité par voie de presse, les créations de sociétés et les procédures de faillite.

Une difficulté d'ordre fiscal se pose : c'est le poids des droits d'enregistrement dans les recettes publiques ; depuis une loi de l'an VII, les pouvoirs publics ont fixé des taux élevés, ce qui incite le commerce à procéder autrement.

II. Le registre du commerce

A une époque où la propriété commerciale connaît un fort développement, les acteurs du commerce, leurs contacts et le crédit exigent une meilleure information de tout ce qui relevait des affaires. Il fallait que les acteurs soient informés vite et bien des changements survenus dans le monde des affaires.

A. L'adoption d'une disposition d'origine étrangère

Dès la fin du XIXe siècle, le fonds de commerce prend une importance majeure dans le monde des affaires. Les changements du droit sont cependant bien lents. Parmi les obstacles, il y a celui du fisc, qui fait peser une lourde menace sur les affaires par l'ampleur de ses prélèvements.

En définitive, avec le retour de l'Alsace-Moselle à la France, les juristes apprennent l'existence d'un registre des sociétés car, avec le plébiscite, il a été décidé de conserver le droit local en vigueur dans ces trois départements (livre foncier, régime concordataire, absence de tribunaux de commerce…). La loi du 18 mars 1919 introduit en droit français le registre du commerce, qui est confié aux greffes des tribunaux consulaires. Le décret de 1953 renforce les obligations des commerçants.

B. Le régime du registre

Il contient des informations importantes sur la vie de la société : statuts, comptes, dirigeants, décisions judiciaires. Ces différents éléments sont conservés par le greffe et mis à jour ; ils permettent aux créanciers et aux partenaires de la société de disposer d'une meilleure information.

Bibliographie

J. ANDREAU, *Banque et affaires dans le monde romain (IVe siècle av. JC-IIIe siècle ap JC)*. Paris, Seuil, 2001.

J.-C. BARREAU, *Un capitalisme à visage humain. Le modèle vénitien.* Fayard, 2011.

P. BERNSTEIN, *Le pouvoir de l'or.* Mazarine, 2007.

J. HILAIRE, *Le droit, les Affaires et l'Histoire*. Paris, Economica, 1995.

P. HUVELIN, *Histoire du droit commercial*. Paris, 1904.

H. LÉVY-BRUHL, *Histoire juridique des sociétés de commerce en France aux 17e et 18e siècles*. Paris, 1938.

MARIAGE, *Évolution historique de la législation commerciale de 1673 à 1949*. Paris, 1951.

C. NICOLET, *Censeurs et publicains. Économie et fiscalité dans la Rome antique*. Paris, 2000.

E. RICHARD (dir.), *Droit des affaires. Questions actuelles et perspectives historiques*. PU Rennes, 2005.

E. SZLECHTER, *Le contrat de société en Babylonie, en Grèce et à Rome, étude de droit comparé*. Paris, Sirey, 1947.

R. SZRAMKIEWICZ, *Histoire du droit des affaires*. Litec, 2016.

GRANDES DATES DU DROIT DES AFFAIRES

-1700 Code d'Hammourabi ; nombreuses dispositions pour la vie des affaires.

-367 Création du préteur à Rome.

- 242 Création du préteur pérégrin.

-146 Carthage est détruite ; Rome s'empare de son Empire.

-118 Réforme de la vente personnelle du débiteur : procédure de la *venditio bonorum*.

-52 Les Gaulois sont vaincus à Alésia par César.

-44 Jules César est assassiné.

14 Mort d'Auguste, premier empereur.

144 Edit du préteur perpétuel.

235-280 Guerre civile dans l'Empire romain. Début du déclin économique et monétaire.

476 Chute de Rome. Fin de l'Empire romain d'Occident.

800 Charlemagne empereur du Saint-Empire romain germanique.

1098 Apparition des foires commerciales

1303 Philippe le Bel confisque le trésor des Templiers.

1337 Début de la Guerre de Cent Ans (la seconde), qui oppose Français et Anglais (fin en 1457).

1350 Jean II le Bon roi de France. La monnaie française est altérée 18 fois cette année-là, puis 70 fois les dix années suivantes.

1453 Chute de Constantinople. Fin de l'Empire romain d'Orient.

1517 Martin Luther placarde ses 95 thèses à Wittenberg ; naissance du protestantisme.

1563 Création des premières juridictions consulaires en France.

1661 Colbert parvient aux affaires. Mise en place du mercantilisme.

1673 Ordonnance sur le commerce ; suivra l'ordonnance sur la marine (1680).

1694 Création de la Banque d'Angleterre.

1715 Mort de Louis XIV.

Création de la banque de Law, papier-monnaie convertible en or.

1720 Chute de la banque de Law.

1789 Abrogation de l'interdiction de l'usure.

1793 Disparition légale des sociétés commerciales. Les révolutionnaires se méfient des affaires.

1800 Création de la Banque de France.

1802 Création du franc germinal.

1805 « *Affaire des piastres* », la Banque de France est menacée ; des hommes d'affaires sont incarcérés.

1807 Code de commerce (entrée en vigueur : 1er janvier 1808).

1816 Création de la Caisse des dépôts et consignations.

1838 Réforme du droit des faillites. « *Fièvre* » des commandites douteuses.

1852 Début de la « *fête impériale* » : création de réseaux bancaires, développement des chemins de fer.

1865 Légalisation du chèque comme moyen de paiement.

1867 Modification des dispositions relatives à la faillite

Suppression de la prison pour dettes (sauf en matière fiscale).

Modification du régime des sociétés anonymes : fin de l'autorisation gouvernementale.

1882 Faillite de la Banque de l'Union générale. Les épargnants sont ruinés.

1893 Alliance franco-russe ; le tiers de l'épargne française est investi en Russie.

1914 La convertibilité du franc est interrompue ; la bourse de Paris est fermée pour la durée de la guerre.

1919 Traité de Versailles : l'Allemagne est contrainte de verser des indemnités de guerre aux alliés.

1928 Réforme monétaire : le franc est dévalué.

1936 La Banque de France est partiellement nationalisée.

À PROPOS DE L'AUTEUR

Docteur en droit de l'Université de Paris-II (Panthéon-Assas), Sébastien Évrard est l'auteur d'une vingtaine de livres et d'une soixantaine d'articles scientifiques. Il enseigne le droit, l'histoire et l'économie à l'Université de Lorraine. Il s'intéresse au monde des institutions, à la contrefaçon, à l'édition juridique, à l'histoire militaire.
Ses derniers ouvrages sont *Les avocats au temps des Lumières*, *Histoire du droit et des institutions, Chouans contre bleus. La justice militaire sous la Révolution française (1793-1795), Serpillon et le Code criminel.*

Printed by Amazon Italia Logistica S.r.l.
Torrazza Piemonte (TO), Italy